原文對譯版
원문대역판

노자이야기

河上公章句八十一化

金範錫 鄭日華 共譯
大明太祖 編修
清安居士 圖說
通微道人 引解

圖書出版 **Baikaltai House**

目次 _{목차}

머리말 ······ 五
　한국어판(韓國語版)을 내면서 지은 머리말

수상도덕경서(繡像道德經序)·원문대역(原文對譯) ······ 一一
　⦿ 료녕(遼寧) 태청궁방장(太淸宮方丈) 원서문(原序文)

어제도덕경서(御製道德經序)·원문대역(原文對譯) ······ 三一
　⦿ 대명태조고황제(大明太祖高皇帝) 원서문(原序文)

주로자도덕진경(注老子道德眞經) ······ 四九

주로자도덕진경(注老子道德眞經) ······ 一二七
　⦿ 하상공장구상권(河上公章句上卷)

　⦿ 하상공장구하권(河上公章句下卷)

방명록(芳名錄) ······ 四三九

⊙ 머리말

한국어판(韓國語版)을 내면서 지은 머리말

이 책(册)을 읽기 전(前)에는

노자(老子)에 대(對)하여 조금이라도 아는 척 하지 마라.

도(道)란

불생불멸(不生不滅)하는 만고불변(萬古不變)의 진상(眞常)이다.

덕(德)이란

천변만화(千變萬化)를 일으키며 사물(事物)이 나타내는 사물(事物)의 품성(品性)이다.

경(經)이란

변화(變化)하면서도 본성(本性)을 지키고 정궤(正軌)를 벗어나지 않는 정률(正律)이다.

옛 사람이 말하였다.

옥(玉)은 다듬지 아니하면 그릇이 되지 못하고

인간(人間)은 배우지 아니하면 도(道)를 알 수가 없다.

사람이 태어나 배우지 않는다면 하늘에 디디고 설 섬돌이 없는 것과 같아서 배워야 만이 비로소 가까운 것을 알게 되는 것이다.

아름다운 오색구름과 푸르른 청천(靑天)을 관(觀)하려면 높은 고산(高山)을 오르거나

망망(茫茫)한 사해(四海)를 바라다보거나 준령(峻嶺)에 오르지 않고서 어떻게 하늘이 높은 것을 알겠는가?

깊은 바다를 딛지 않고 어떻게 땅이 깊은 것을 알며

인간(人間)이 성도(聖道)를 거치지 않고 어떻게 현자(賢者)가 되겠는가?

독서(讀書)로 밤을 밝혀야만 사물(事物)의 빛을 얻고 등잔(燈盞)의 심지를 돋우어야만 빛을 얻는 것이다.

등잔불은 흑암(黑暗)을 비추어 주는 것이고 이치(理致)는 인간(人間)의 심장(心臟)을 맑게 걸러주는 것이다.

옛 사람들의 위와 같은 말씀은 사람들이 왜 공부(工夫)를 해야 하는지를 가리키는 간절(懇切)한 말씀이라 할 것이다.

도덕경(道德經)은
도덕경(道德經)이 이 세상에 태어난 이후(以後)에서부터 지금에 이르기까지
그 시대(時代) 시대(時代)마다
세상(世上)에서 가장 훌륭한 육백여명(六百餘名)에 이르는 석학(碩學)들이
앞 다투어 주석(註釋)을 단
세상(世上)에서 가장 유명(有名)한 단 한 권의 책(冊)이다.

도상도덕경(圖像道德經) 하상공장구(河上公章句) 팔십일화(八十一化)는
명태조(明太祖) 주원장(朱元璋)이
그 당시(當時)
기록상(記錄上)으로 현존(現存)하는 노자(老子)의 모든 사적(史籍)을
어명(御命)을 내려 끌어 모으고 정리(整理)하여
후대(後代)에 전(傳)한 아주 훌륭한 노자(老子)의 전기(傳記)라 할 만한 것이다.

주원장(朱元璋)은 자기가 지은 머리말에서 말하였다.
천하(天下)를 통일(統一)한 이래(以來)
전대(前代)의 철왕(哲王)들의 도(道)를 알고 싶어
선현(先賢)들을 찾아 도덕경(道德經)을 열람(閱覽)하며 뒤를 캐보았으나

주석(註釋)마다 서로 다르고 주해(註解)를 한 사람마다 서로가 견해(見解)가 달랐다.

이와 같이 말한 주원장(朱元璋)은 신하(臣下)의 대필(代筆)을 절대로 허락(許諾)하지 않고 자기 손으로 직접 집필(執筆)한 것만으로도 대단한 이력(履歷)의 소유자(所有者)가 아닌가?

도상도덕경(圖像道德經) 하상공장구(河上公章句) 팔십일화(八十一化)를 원문대역판(原文對譯版)으로 출판(出版)하는 것은 독서(讀書)하는 학자(學者)들이 책(册)을 읽을 때 번역(飜譯)이 잘못된 부분(部分)을 곧 바로 찾아내거나 원문(原文)에 더 충실(充實)히 다가설 수 있도록 하기 위해서였다.

아무쪼록 노자(老子)님과 삼세인연(三世因緣)이 닿아 도상도덕경(圖像道德經) 하상공장구(河上公章句) 팔십일화(八十一化)를

손에 잡게 되신 독자(讀者) 여러분
모두
삼천공과(三千功果)와 팔만세행(八萬細行)의 성취(成就)가 있으시기를 빈다.

이천십칠년(二千十七年) 중양절(重陽節) 길일(吉日)에

군자란(君子蘭) 김범석(金範錫)

금오당(金烏堂) 정일화(鄭日華)   백배돈수(百拜頓首)

繡像道德經序
수상도덕경서

龍門二十代道士。王公育生。上明下泰。出家於本溪縣鐵剎山
룡문(龍門) 이십대도사(二十代道士) 왕공(王公) 육생선생(育生先生)은 이름이 위의 글자가 명(明)이며 아래 글자가 태(泰)로, 본계현(本溪縣) 철찰산(鐵剎山)에서 출가(出家)하였으며

三清觀度師李圓修於光緒初年挂枏於奉天太清叢林領地
삼청관도사이원수어광서초년괘남어봉천태청총림령지
삼청관(三清觀)의 조도사(調度師)이신 이원수(李圓修)를 스승으로 모시고 광서(光緒) 초년(初年)부터 봉천(奉天) 태청총림(太淸叢林)에서

庄執事。歷四十餘年之久。望杏開田。課晴問雨。屢致大穰。叢林
장집사。력사십여년지구。망행개전。과청문우。루치대양。총림
지장집사(地庄執事)로 있으면서 40여년이나 되는 오랜 동안을 비옥(肥沃)한 땅을 찾아 밭을 개간(開墾)하고 날씨를 예측(豫測)하여 누누(屢屢)히 대풍(大豊)을 이루어 총림(叢林)에서

道眾。無餒而之虞。不啻庚桑楚之復生也。故叢林道眾僉願尸
도중。무뇌이지우。불시경상초지복생야。고총림도중첨원시
수도(修道)하고 있는 수많은 무리들이 굶주리거나 걱정하는 일이 없도록 하여、모든 사람들은 경상초(庚桑楚)의 시대(時代)에 다시 태어난 것이나 다름이 없었다。그리하여 총림(叢林)에 머물고 있는 도친(道親) 대중(大衆)들은 모두가 신상(神像)처럼 받들며 축원(祝願)하였고

而祝之。社而稷之也。王公人民愛物。樂善好施。捨藥療傷。遐邇
이축지。사이직지야。왕공인민애물。락선호시。사약료상。하이
사직(社稷)을 섬기듯 하였다。
왕공(王公)은 평소(平素)에 사람들을 사랑하며 물건을 함부로 하지 않았고、좋은 일을 하기를 좋아하여 베풀어 주기를 즐겼고、아픈 사람이나 다친 사람이 있을 때는 약(藥)을 보내주어 치료(治療)하게 하므로、먼 곳에 있는 사람이나 가까이에 있는 사람이 할 것 없이 모두가 왕공(王公)의 덕행(德行)을 칭송(稱頌)하지 않는 사람이 없었다。

頌德。每嘅輓近人心好爭。兵戈之禍。迄無已時。皆繇斯人素乏
송덕。매개만근인심호쟁。병과지화。흘무이시。개요사인소핍

道德之念所致。輒思挽捄。藉梔世運之遷流。因取河上公所註

道德經。幷繪老君八十一化圖像。印刷四百卷。散贈斯人。俾讀

是書者。牖啓善念藉消欃槍之氣。則人享太平之福矣。爰求序

於余。余攷太上年譜。按三洞大藏。混元聖紀。太淸玉册云。元始三炁。化爲先天老君。爲道之宗。居混沌之始。爲萬氣之祖。隱聖

도덕경(道德經)을 읽는 사람들이 계몽(啓蒙)되고 착한 마음을 먹어 살벌(殺伐)한 기운(氣運)을 해소(解消)하고, 사람들이 태평성세(太平盛世)의 복덕(福德)을 누리기를 빌었다.

이에, 나에게 서문(序文)을 부탁하기에 이른 것이다.

태상년보(太上年譜)를 고찰(考察)해 보거나 삼동대장(三洞大藏)과 혼원성기(混元聖紀)나 태청옥책(太淸玉册)에 이른 것을 보면,

태초(太初)에, 원시삼기(元始三炁)가 변화(變化)하여 선천로군(先天老君)이 되었고 도(道)의 종주(宗主)가 되었다. 혼돈(混沌)이 시작(始作)하는 자리에서는 오만가지 기운(氣運)의 조종(祖宗)이 되시었다. 거룩한 몸을 숨기고 범부(凡夫)의 몸을 드리내

顯凡。興慈輔世。變化莫測。劫不可數。在天皇時。爲萬法天師。地皇時。爲玄中法師。人皇時。爲堅固先生。後爲金闕帝君。伏羲時。爲鬱華子。神農時。爲大成子。軒轅時。爲崆峒山人。號廣成子。授

현범。흥자보세。변화막측。겁불가수。재천황시。위만법천사。지황시。위현중법사。인황시。위견고선생。후위금궐제군。복희시。위울화자。신농시。위대성자。헌원시。위공동산인。호광성자。수

천황시(天皇時)에는 만법천사(萬法天師)라 하였고

지황시(地皇時)에는 현중법사(玄中法師)라 하였고、

인황시(人皇時)에는 견고선생(堅固先生)이라 하였다가 후(後)에 금궐제군(金闕帝君)이라 하였다.

복희시(伏羲時)에는 울화자(鬱華子)라 하였고

신농시(神農時)에는 대성자(大成子)라 하였고

헌원시(軒轅時)에는 공동산인(崆峒山人)으로 호(號)를 광성자(廣成子)라 하였는데

凡。興慈輔世。變化莫測。劫不可數。
자비(慈悲)를 일으켜 세상을 도왔는데、변화(變化)를 예측(豫測)할 수 없는 고초(苦楚)를 수도 없이 겪었었다.

道與黃帝。少昊時。化號隨應子。顓頊時。號赤精子。帝嚳時。號錄圖子。堯時。爲務成子。舜時。爲尹壽子。夏禹時。爲眞行子。商時。爲錫則子。始降全神。分身應化。隨世立敎。事竟則隱。故所在無誕

도(道)여 황제(黃帝)·소호시(少昊時)·화호수응자·전욱시·호적정자·제곡시·호록

황제(黃帝)에게 도(道)를 가르쳤다.

소호시(少昊時)에는 수응자(隨應子)로 호(號)를 바꾸었고

전욱시(顓頊時)에는 호(號)를 적정자(赤精子)라 하였고

제곡시(帝嚳時)에는 호(號)를 록도자(錄圖子)라 하였고

도자。요시。위무성자。순시。위윤수자。하우시。위진행자。상시。위

요시대(堯時代)에는 무성자(務成子)라 하였으며

순시대(舜時代)에는 윤수자(尹壽子)라 하였으며

하우시대(夏禹時代)에는 진행자(眞行子)라 하였으며

상시대(商時代)에는 석칙자(錫則子)라 하였다.

석칙자。시강전신。분신응화。수세립교。사경즉은。고소재무탄

강림(降臨)하실 때마다 전지전능(全知全能)하신 신통력(神通力)으로 천백억(千百億)의

분신(分身)을 나타내셨고 그때그때마다 교화(敎化)를 세우시고 일을 이루시면 곧 몸을

숨기시므로 소재(所在)하셨던 탄생(誕生)과 살다가 가신 흔적(痕迹)은 찾을 수

가 없었다.

生之跡。至商十八王陽甲庚申之歲。自太淸仙境。分光化氣
생지적。지상십팔왕양갑경신지세。자태청선경。분광화기
상(商)나라 십팔대왕양갑(十八代王陽甲) 경신년(庚申年)에 이르러 태청선경(太淸仙境)
으로부터 광선(光線)을 가르고 기(氣)를 변화(變化)시켜

乘日精。駕九龍。化爲五色流珠。託胎於玄妙玉女天水尹氏。孕
승일정。가구룡。화위오색류주。탁태어현묘옥녀천수윤씨。잉
해의 정기(精氣)인 일정(日精)을 타고 구룡(九龍)을 몰아 흐르는 오색(五色)의 구슬로
변(變)하여 현묘옥녀(玄妙玉女)이신 천수윤씨(天水尹氏)의 태중(胎中)에 들어가

歷八十一年。當商二十二王武丁庚辰歲二月十五日卯時。母
력팔십일년。당상이십이왕무정경진세이월십오일묘시。모
팔십일년(八十一年)만에 상(商)나라 이십이대왕무정(商二十二王武丁)
임신(姙娠)한지 경진년(庚辰年) 이월(二月) 십오일(十五日) 묘시(卯時)에

擧李樹。降誕於亳之苦縣瀨鄕曲里。卽今太淸宮。生時鬚鬢皓

거리수。강탄어호지고현뢰향곡리。즉금태청궁。생시수염호

어머니가 오얏나무를 잡고 고현(苦縣) 향곡리(鄕曲里)에서 태어나셨는데、이곳은 지금 태청궁(太淸宮)이 있는 곳이다。세상에 태어나실 때 수염은 하얬으나

然。其顏如童。遂以李爲姓。周文王時。爲爕邑子。西伯召爲守藏

연。기안여동。수이리위성。주문왕시。위섭읍자。서백소위수장

얼굴은 동안(童顏)이였는데、어머니가 오얏나무를 잡고 아들을 낳았으므로 이에 따라 성(姓)을 이씨(李氏)로 삼았다。주문왕시(周文王時)에는 섭읍자(爕邑子)라 하였는데 서백(西伯)이 수장사(守藏史)로 임명(任命)하여

史。授帝王之道。與呂尙武王克殷。擧爲柱下史。召王二十五年

사。수제왕지도。여려상무왕극은。거위주하사。소왕이십오년

제왕(帝王)의 도(道)를 가르치게 하였고 여상무왕극은(呂尙武王克殷)과 함께 주하사(柱下史)로 발탁(拔擢)되었다。소왕이십오(召王二十五) 계축년(癸丑年)에

癸丑。過函谷關。將適西戎。初康王大夫尹喜。善星曆。退爲關令。
계축。과함곡관。장적서융。초강왕대부윤희。선성력。퇴위관령。
함곡관(函谷關)을 지나 서융(西戎) 지역(地域)으로 가려할 즈음、초강왕대부윤희(初康王大夫尹喜)가 점성술(占星術)에 아주 밝았는데、퇴청(退廳)하려던 윤희(尹喜)가 어느 날엔가 하루는、

結草爲樓。瞻星候氣。忽見東方有紫氣。狀如龍蛇而西度。喜敕
결초위루。첨성후기。홀견동방유자기。상여룡사이서도。희칙
띠 풀을 엮어 망루(望樓)를 만들고는 별들을 관측(觀測)하며 천기(天氣)를 살펴보니、홀연(忽然)히 동쪽에서 자색기운(紫色氣運)이 용(龍)과 뱀의 형태(形態)로 피어올라 서(西)쪽으로 가고 있는 것을 발견(發見)하고는

官吏曰。聖人將過。如有古人狀微行車駕青牛。勿放過。遂掃路
관리왈。성인장과。여유고인상미행거가청우。물방과。수소로
윤희(尹喜)가 관리(官吏)에 명(命)하기를 머지않아 성인(聖人)이 이곳을 지나갈 것인데、만약(萬若)에 옛 고인(古人) 차림을 하고 푸른 소가 이끄는 수레를 타고 그냥 살짝 지나치려하거든 통과(通過)시키지 말

라고 지시(指示)하고는, 길거리를 깨끗이 청소(淸掃)하고

焚香待之。後果然。吏留之咨。喜見拜手稽首曰。臣望氣。知有聖
향불을 피우면서 기다리고 있었다. 얼마 안 있다가 과연(果然) 푸른 소를 탄 사람이 지나가므로, 관리(官吏)가 잠간만 계시라 하며 몇 마디 여쭈기로 하니, 윤희(尹喜)가 나아가 두 손으로 땅을 짚고 절을 하고는 머리를 조아리고는 신(臣)이 천기(天氣)를 살펴보니 성인(聖人)께서 이곳을 지나가실 것이라는 것을 알고 있었습니다.

人過此。今觀道君。狀貌。豈非上古大神人者乎。敢問姓名。曰吾
지금 제가 도군(道君)의 모습을 뵈오니, 상고대신인(上古大神人)이 아니신가 하나이다. 감(敢)히 성명(姓名)을 여쭈어 봐도 되겠습니까? 하였다.

姓名渺渺。從刧到刧。非可悉說。吾姓李。名耳。字伯陽。外字老聃。
성명묘묘。종겁도겁。비가실설。오성리。명이。자백양。외자로담。
이에 대답하기를,

나의 성명(姓名)을 말하자니 묘묘(渺渺)하고 너무나 아득하여 어느 때부터 시작(始作)하여 어느 곳을 거쳐 어느 곳까지 왔는지 도저히 살필 수 없어 모두 다 말할 수가 없습니다. 지금 나의 성(姓)은 이(李)이고 이름은 이(耳)라 하고 자(字)는 백양(伯陽)이라 하며 외자(外字)는 로담(老聃)이라 합니다 하였다.

喜請著書。因著道德五千餘言授之。隱於流沙。不知所終迹。老

희청저서。인저도덕오천여언수지。은어류사。불지소종적。로

윤희(尹喜)가 무엇인가 저서(著書)를 남겨주실 것을 청(請)하자, 오천여자(五千餘字)의 도덕(道德)의 말씀을 적어 건내어 주었다. 그리고는 모래 흩날리는 류사(流沙) 지역(地域)으로 푸른 소를 타고 사라진 뒤로는, 어느 곳에서 발걸음을 멈추었는지 그 종적(終迹)을 알 길이 없다.

子平生。見素抱樸。少思寡欲。執古之道。御今之有。隱道不彰。謙

자평생。견소포박。소사과욕。집고지도。어금지유。은도불창。겸

로자(老子)의 한 평생은, 견소포박(見素抱樸)과 소사과욕(少思寡欲)과 집고지도(執古之道)를 철칙(鐵則)으로 삼아 오늘에 까지 이르렀는데, 도(道)를 숨기고 드러내지 않았으며

德不顯。內則固眞養命。外則遠害全身。東訓素王。尼山有猶龍之歎。西化金仙。大地聞作獅之吼。超生死而獨立。亙今古而無雙。是以百王取法。累聖攸傳。其五千文字。爲道教羣經之祖。其

덕불현。내칙고진양명。외칙원해전신。동훈소왕。니산유유룡지탄。서화금선。대지문작사지후。초생사이독립。긍금고이무쌍。시이백왕취법。루성유전。기오천문자。위도교군경지조。기

덕(德)을 지니고도 겸손(謙遜)하였고、안으로는 고진양명(固眞養命)에 힘을 쏟고 밖으로는 전신(全身)을 해(害)치는 것을 멀리 하였다. 동훈(東訓)의 서(書)에 소왕(素王) 공자(孔子)는 로자(老子)를 만나보고는, 로자(老子)를 룡(龍)에 비유(譬喩)하며 설명 (說明)한 감탄사(感歎詞)가 있다.

서쪽으로 가서는 금선(金仙)으로 화신(化身)을 나타내 왼 천지(天地)가 다 든도록 사자후(獅子吼)를 터트리시고 초생료사(超生了死)를 마치시고 홀로 우뚝 서시니、예로부터 오늘에 이르도록 겨룰만한 것이 세상에 아무것도 없었었다.

그리하여 세상의 모든 왕(王)들이 앞 다투어 그 법(法)을 전(傳)하니、그 오천문자(五千文字)는 도교(道敎)의 모든 경전(經典)을 통솔(統率)하는 시조경(始祖經)이라 할 수 있을 것이다.

書以道德爲經。以善與不爭爲緯。非出世之書。實救世之書也。

蓋老子見周末諸侯紛爭。干戈不息。因留道德經於世。欲化干戈以道德。挽叔季而返太古也。吁。是眞救世之苦心也。效歷代過而道。

서이도덕위경。이선여불쟁위위。비출세지서야。실구세지서야。

그 책에 담겨 있는 글은, 도덕(道德)을 경도(經度)로 삼고 선(善)과 부쟁(不爭)을 위도(緯度)로 삼는 것으로, 출세(出世)를 추구(追求)하는 책이 아니고 진실(眞實)로 세상(世上)을 바로 잡아주는 구세(救世)의 책이다.

개로자견주말제후분쟁。간과불식。인류도덕경어세。욕화간과이도덕。만숙계이반태고야。우。시진구세지고심야。고력대

로자(老子)는, 주(周)나라 말기(末期)에 제후(諸侯)들이 분쟁을 일으키며 전쟁(戰爭)을 그치지 않는 것을 보고 도덕경(道德經)을 세상(世上)에 남겨 도덕(道德)으로 전쟁(戰爭)을 그치게 하고 무너진 세상(世上)을 일으켜 세워 말세(末世)를 태고(太古)로 돌이키려 하였다.

아아,

이것이 바로 세상(世上)을 건지려는 참된 고심(苦心) 아니겠는가!

註道德經者。上自帝王。下至名儒。其多難以更樸終。唯河上公所註爲第一家。因漢文帝時。皇太后耽道德經。不得其解。遂得河上公所註。盖公實老子化身也。今王公育生。由道藏檢出是

주(註)도덕경자(道德經者)。 상자제왕(上自帝王)。 하지명유(下至名儒)。 기다난이갱박종(其多難以更樸終)。 유하상공(唯河上公) 역대(歷代)에 걸쳐서 수많은 사람들이 도덕경(道德經)을 주석(註釋)한 것을 보면, 위로 제왕(帝王)에서부터 아래로 명유(名儒)에 이르기까지 허다(許多)한 사람들이 완벽(完璧)하게 해석(解釋)하기가 힘들었는데

소주위제일가(所註爲第一家)。 인한문제시(因漢文帝時)。 황태후탐도덕경(皇太后耽道德經)。 불득기해(不得其解)。 수득유독(惟獨) 하상공(河上公) 도덕경주해(道德經註解)가 첫째가는 제일가(第一家)였기에、 한문제시절(漢文帝時節)에 황태후(皇太后)가 도덕경(道德經)을 탐독(耽讀)하였으나 그 뜻을 이해(理解)할 수가 없다가 하상공(河上公)이 주해(注解)를 단 도덕경(道德經)을 얻게 되었다.

하상공소주(河上公所註)。 개공실로자화신야(盖公實老子化身也)。 금왕공육생(今王公育生)。 유도장검출시(由道藏檢出是) 하상공(河上公)은 실(實)로 로자(老子)의 화신(化身)이시다. 이제、 왕공(王公) 육생(育生) 선생(先生)께서 도장(道藏)에서 하상공주해(河上公注解)

道德經(道德經)을 검출(檢出)하여

경。부도인쇄。광위류전。왕공차거。능굉양도교。진현문지룡상야。

經。附圖印刷。廣爲流傳。王公此舉。能宏敭道敎。眞玄門之龍象也。

여기에다가 팔십일화(八十一畵) 도상(圖像)을 더하여 인쇄(印刷)해서 널리 유통(流通) 시켜 전파(傳播)하니、왕공(王公)의 이러한 거동(擧動)은 도교(道敎)를 알기 쉽게 널리 드러내는 것으로、이는 진실(眞實)로 현문(玄門)의 룡상(龍象)이라 할 것이다。

민국십구년십일월료녕태청궁방장

民國十九年十一月遼寧太淸宮方丈

민국십구년 십일월(民國十九年 十一月)

료녕(遼寧) 태청궁방장(太淸宮方丈)

갈명신월담보선어두모궁

葛明新月潭甫譔於斗姥宮

갈명신월담보(葛明新月潭甫)가 두모궁(斗姥宮)에서 찬(譔)하였다

繡像道德經序

龍門二十代道士王公育生,上明下泰,出家於本溪縣鐵剎山三清觀度師李圓修,於光緒初年掛䄢於奉天太清叢林領地莊執事,歷四十餘年之久,望杏開田,課晴問雨,屢致大穰,叢林道眾無餒而之虞,不啻廣桑楚之復生也。故叢林道眾僉願戶而祝之,社而稷之也。王公仁民愛物,樂善好施,捨藥療傷,遇頌德。每慨輓近人心好爭兵戈之既造無已,時皆歎斯人素乏道德之念所致,輒思挽救,藉柷世運之遷流,因取河上公所註道德經,并繪老君八十一化圖像,印刷四百卷,散贈斯人,俾讀是書者,牗啟善念,藉消槐槍之氣,則人享太平之福矣。爰求序於余。余玫太上年譜,按三洞大藏,混元聖紀太清玉册云,元始三炁化為先天老君為道之宗居混沌之始為萬炁之祖隱聖顯凡興慈輔世變化莫測刧不可數在天皇時為萬法天師地皇時為玄中法師人皇時為堅固先生後為金闕帝君伏羲時為鬱華子神農時為大成子軒轅時為崆峒山人號廣成子授道與黄帝少昊時化號隨應子顓頊時號赤精子帝嚳時號錄圖子堯時為務成子舜時為尹壽子夏禹時為真行子商時為錫則子始降全神分身應化隨世立教事竟則隱故所在無誕生之跡至商第十八王陽甲庚申之歲自太清仙境分光化氣乘日精駕九龍化為五色流珠託胎於玄妙玉女天水尹氏孕歷八十一年當商二十二王武丁庚辰歲二月十五日卯時母攀李樹降誕於亳之苦縣瀨鄉曲里即今太清宮生時鬢髮皓

二八

然其顏如童遂以李為姓周文王時為變邑子西伯召為守藏史授帝王之道與呂尚武王克殷舉為柱下史昭王二十五年癸丑過函谷關將適西戎初康王大夫尹喜善星曆退為關令結草為樓膽星候氣忽見東方有紫氣狀如龍蛇而西度喜敕關吏曰聖人將過如有古人狀微行車駕青牛勿放過遂埽路焚香侍之俊果然吏留之咨喜見拜手稽首曰臣望氣知有聖人過此今觀道君狀貌豈非上古大神人者乎敢問姓名曰吾姓名渺渺從刼到刼非可悉說吾姓李名耳字伯陽外字老聃喜請著書因著道德五千餘言授之隱於流沙不知所終迹老子平生見素抱樸少思寡欲執古之道御今之有隱道不彰謙德不顯内則固真養命外則逺害全身東訓素王尼山有猶龍

之歎。西化金仙。大地聞作獅之吼。超生死而獨立。亘今古而無雙。是以百王取法。累聖攸傳。其五千文字為道教羣經之祖。其書以道德為經以善與不爭為緯。非出世之書實欲化干戈以道德挽叔季而返太古也。呼。是真捄世之苦心也。玆歷代盖老子見周末諸侯紛爭干戈不息。因留道德經於世之書也。註道德經者。上自帝王下至名儒。其多難以更僕終。唯河上公所註為第一家。因漢文帝時皇太后耽道德經不得其解遂得河上公所註。盖公實老子化身也。今王公育生由道藏檢出是經附圖印刷廣為流傳。王公此舉能宏敭道教真玄門之龍象也。

民國十九年十一月遼寧太清宮方丈

葛明新月潭甫譔於斗姆宮

御製道德經序
어제도덕경서

朕本寒微。逼胡運之天更。值羣雄之並
짐본한미。핍호운지천갱。치군웅지병

짐(朕)은 본시(本是) 미천(微賤)하였으나 세상(世上)이 혼란(混亂)에 빠지고 하늘이 바뀌려 사방(四方)에서 군웅(群雄)들이 들고 일어날 때를 당하여

起。不得自安於鄕里。遂從軍而保命。幾
기。불득자안어향리。수종군이보명。기

향리(鄕里)에서 불안(不安)하여 살 수가 없어 군대(軍隊)에 입대(入隊)하여 목숨을 부지(扶持)하였는데

喪其身而免。於是乎受制。不數年。脫他
상기신이면。어시호수제。불수년。탈타

하마터면 목숨을 몇 번이나 잃을 뻔 하였다 그렇게 제약(制約)을 받으며 지내다가 몇 년 지나지 않아

人之所制。獲帥諸雄。固守江左。十有三
年而卽帝位。奉天以伐元。統育黔黎。自
卽位以來。固知前代哲王之道。宵晝遑
遑。慮窮蒼之切鑒。於是問道諸人。人皆

인지소제。획수제웅。고수강좌。십유삼
사람들의 제약(制約)에서 벗어나 장수(將帥)를 얻게 되어 군웅(群雄)들을 거느리고 양
자강(揚子江) 동쪽 지역(地域)을 방어(防禦)하며 십삼년(十三年)을 보낸 후(後)
년이즉제위。봉천이벌원。통육검려。자
제위(帝位)에 올라 천명(天命)을 받들고 원(元)나라를 정벌(征伐)하고 나라를 다스리게
되었다.
즉위이래。망지전대철왕지도。소주황
짐(朕)은 즉위(卽位) 이래(以來)、전대(前代) 제왕(諸王)들의 왕도(王道)를 잘 몰라 밤
이나 낮이나 항상 불안(不安)하여
황。려궁창지절감。어시문도제인。인계
노심초사(勞心焦思)하며 간절(懇切)한 마음으로 하늘에 빌어보기도 하고、여러 사

람들에게 왕도(王道)에 대하여 묻기도 해 보았지만

我見。未達先賢。一日試覽羣書。檢間有
아견。미달선현。일일시람군서。검간유
사람들은 모두가 자기 소견(所見)만 개진(開陳)할 뿐, 선대(先代) 현자(賢者)들에게는
미치지 못하였다.
어느 날 하루는 짐(朕)이 여러 책을 펼쳐 보다가

道德經一冊。因便但觀見數章。中盡皆
도덕경일책。인편단관견수장。중진개
도덕경(道德經)이라는 책(册)을 발견(發見)하고는 검색(檢索)하며 몇 군데 장장(章章)
을 눈여겨보니 모두가 이치(理致)가 명확(明確)한 말이었다.

明理。其文淺而意奧。莫知可通。罷觀之
명리。기문천이의오。막지가통。파관지
문장(文章)은 쉬운데 뜻은 심오(深奧)하여 어느 것 하나 막혀서 모를 부분이 없었다.

後旬日。又獲他卷。註論不同。再尋較之。
후순일。우획타권。주론불동。재심교지。

三三

열흘 쯤 후(後)에 다른 도덕경(道德經)을 구(求)하여 책장을 넘겨보니 주석(註釋)과 논조(論調)가 서로 달랐다. 이곳저곳을 비교(比較)해 보니

所註者人各異見。因有如是。朕悉視之。
소주자인각이견。인유여시。짐실시지。
주석(註釋)을 단 사람마다 의견(意見)이 달랐다. 이와 같은 일이 어찌하여 일어난 것일까 생각하며 짐(朕)이 눈여겨보았다.

用神盤桓其書久之。一己之見。似乎
용신반환기서구지。일기지견。사호
신경(神經)을 써서 도덕경(道德經)에 오랜 동안 매달리다 보니 일가견(一家見)이 생기게 되어

頗識。意欲試註。以遺方來。恐令後人笑。於
파식。의욕시주。이유방래。공령후인소。어
마식(識見)을 일으켜, 차라리 짐(朕)이 주석(註釋)을 하여 남길까 하다가 후인(後人)들에게 혹시라도 웃음꺼리가 되지나 않을까 두려워하여 그만 두었다.

是시불과。우구지。견본경운。민불외사。내하
弗果。又久之。見本經云。民不畏死。奈何
다시 또 오랜 시간을 탐독(耽讀)해 보니 본경(本經)에서 말하였다.
민초(民草)들은 죽음을 두려워하지 않는다。어찌

以이사이구지。당시시。천하초정。민완리
死而懼之。當是時。天下初定。民頑吏
죽이는 것으로 겁을 줄 수 있는가?
당시(當時) 그때는 나라를 세운지 얼마 되지 않아 백성(百姓)들이 말을 잘 듣지 않고
관리(官吏)들은 부패(腐敗)하여

폐。수조유십인이기시。모유백인이잉
弊。雖朝有十人而棄市。暮有百人而仍
비록 아침에 저자거리에서 열 명을 죽여 버려도 밤이 되면 여전히 백 명(百名)이 국법
(國法)을 어기고 있어

위지。여차자。기불응경지소운。짐내파
爲之。如此者。豈不應經之所云。朕乃罷
경(經) 속의 말과 같이 이와 같은 죽이는 극형(極刑)을 짐(朕)은 폐지(廢止)하고

極刑。而囚役之。不逾年。而朕心咸恐。得以斯
구금(拘禁)과 노역(勞役)으로 대신(代身)하였다.
그러나 일 년이 지나지 않았는데 짐(朕)은 몹시 불안하였다.

經細觀。其文之行。用。若濃雲。靄。羣山之疊
다시 도덕경(道德經)을 자세(仔細)히 읽어보니 그 문장(文章)을 행(行)해야 할 곳이
나, 그 문장(文章)을 적용(適用)해야 할 곳이, 짙은 구름과 아지랑이와 첩첩(疊疊) 산
악(山岳)에 가려져 있어

嶂。外虛而內實。貌態彷彿。其境又不然。架
밖으로 보기엔 텅비고 안으로는 꽉차 있는 것이 언뜻 보기에 비슷해 보이지만 실제 경
계(境界)는 또한 사실(事實) 그렇지가 않았다.

空谷以秀奇峯。使昔有巍巒。倐態成於幽塾。
공곡이수기봉。사석유외만。숙태성어유숙。

허공(虛空)에 걸친 계곡(溪谷)이 빼어나게 신기(神奇)한 산봉우리를 더욱 아름답게 하고 옛날에 홀로 높고 우뚝하던 산봉우리들이 어느 한 순간(瞬間) 유숙(幽塾)으로 모습을 바꾸나니

若不知其意。如入混沌鴻濛之中。方乃少
약불지기의。여입혼돈홍몽지중。방내소

만약에 이러한 속 깊은 뜻을 헤아릴 줄 모른다면 혼란(昏亂)스럽고 몽롱(朦朧)한 상태(狀態)에 빠질 것이지만,

知微旨。則又若皓月之沈澄淵。鏡中之觀
지미지。즉우약호월지심징연。경중지관

비로소 조금이라도 기미(機微)를 알아차리고 밀지(密旨)를 만지작거릴 수 있게 되면, 또 다시 허공(虛空)의 밝은 달이 깊고도 맑은 연못에 있음, 그리고

實象。雖形體之如。然探親。不可得而捫撫。
실상。수형체지여。연탐친。불가득이문무。

실상(實像)과 관련(關聯)하여, 비록, 하늘에 있는 달과 연못에 있는 달과 거울 밖에 있는 사물(事物)과 거울 안에 있는 사물(事物)은 서로 형태(形態)가 똑 같지만, 아무리 뒤적거리며 만지려고 아무

三七

리 용천(龍泉)을 떨어도 도저히 만질 수 없는 것과 같다.

況本經云。吾言甚易知。甚易行。天下莫能
황차(況且) 본경(本經)에서 말한 바와 같이,
내가 쉬운 말로 골라 말을 하여서 누구나 쉽게 알 수 있고 힘들이지 않고 손쉽게 할 수 있도록 하였는데, 천하(天下)가 모두 알지도 못하고

知。莫能行。以此思之。豈不明鏡水月者乎。
천하(天下)가 모두 행(行)할 줄도 모르는도다.
이러한 것을 모아 생각해 보면, 거울 속에 있는 사물(事物)에 밝지 못하고 물속에 있는 달의 실체(實體)를 파악(把握)하지 못하면 어찌 하겠는가?

朕在中宵而深慮。明鏡水月。形體雖如幻。
짐재중소이심려。명경수월。형체수여환。
짐(朕)이 야심(夜深)한 밤이 다가도록 깊이 생각해 보니, 거울에 비치는 사물(事物)과 물속에 있는 달은, 형체(形體)가 비록 있다할지나 있는 것처럼 보이는 환각(幻覺)이고

三八

乃虛而不實。非著象於他處安有影耶。

허깨비이며 실체(實體)가 없는 가짜라 실상(實像)이 아닌데 그것에 집착(執着)하거나 그것에 매달리거나 하는 것은 그림자에 매달리는 허망(虛妄)한 자(者)라 할 것이다.

故仰天。則水月象明。棄鏡捫身。則知己象

그러므로 하늘을 우러러 보면 물속에 있는 달이 밝은 모습으로 떠있는 것을 볼 수 있고, 거울을 던져 버리고 거울 밖에 있는 몸을 만지면 거울에 비치던 자기의 모습이 헛것이 아님을 알 것이다.

之不虛。是謂物外求眞。故能探其一二之

이것이 바로 사물(事物) 밖에서 진상(眞相)을 찾는 격(格)인 것이다.

그리하여 짐(朕)이 경(經)에서 말한 기미(機微)와 밀지(密旨)를 하나둘 탐색(探索)할 수 있게 되었을 때

微旨。遂於洪武七年冬十一月甲午着筆。
強爲辯論。未知後世果契高人之志歟。朕
雖菲才。唯知斯經乃萬物之至根。王者之

미지. 수어 홍무 칠년 동 십일월 갑오 착필.
홍무칠년(洪武七年) 겨울 십일월(十一月) 갑오일(甲午日)에 붓을 잡고

강위변론. 미지후세과계고인지지여. 짐
억지로 변론(辯論)을 하기는 하지만
후세(後世) 사람들의 뛰어난 명인(名人)들의 식견(識見)과 부합(符合)될런지는 모르겠다.

수비재. 유지사경내만물지지근. 왕자지
짐(朕)이 비록 뛰어난 재주는 없지만,
도덕경(道德經)이,
만물(萬物)이 시작한 뿌리이며
제왕(帝王)의 더 이상 위가 없는 무상사(無上師)이며

四〇

上師。臣民之極寶。非金丹之術也。故悉朕
之丹衷。盡其智意。意利後人。是特註耳。是月
甲辰書成。因爲之序。

상사·신민지극보·비금단지술야·고실짐
지단충·진기지의·의리후인·시특주이·시월
갑진서성·인위지서·

군신(君臣)과 민초(民草)들의 가장 값진 보물이며
허망(虛妄)하게 금단(金丹)이나 구워내는 술법(術法)을 다룬 책(冊)이 아니라는 것만은
알고 있다.
그리하여
짐(朕)은 충정(衷情)을 다 하여 지의(智意)를 쏟아 붓고 후세(後世) 사람들을 이롭게
해주려는 뜻을 하상공주(河上公注)에 특별히 담아
이 달 갑진(甲辰)에 경서(經書)를 완성(完成)하였다.
이에 서문(序文)을 쓰는 바이다.

대명태조고황제(大明太祖高皇帝)

四一

御製道德經序

朕本寒微,遭胡運之天更,值羣雄之並起,不得自安於鄉里,遂從軍而保命,幾喪其身而免。於是乎受制不數年,脫他人之所制。獲帥諸雄,固守江左十有三

中華民國萬歲萬萬萬歲

年而即帝位,奉天以伐元,繼育黎育,即位以來,間知前代哲王之道,宵晝遑遑,慮窮蒼之切鑒,於是問道諸人,人皆我見未達先賢。一日試覽羣書,檢間有道德經一冊,因便但觀見數章,中盡皆明理,其文淺而意奧,莫知可通,罷觀之後,旬日又獲他卷註論不同,再尋較之,所註者人各異見,因有如是朕悉視之,用神盤桓其書久之,以一己之見,似乎頗識意欲試註,以遺方來,恐令俊人笑於是弗果又久之見本經云民不畏死奈何以死而懼之當是時天下初定民頑吏弊雖朝有十人而棄市暮有百人而仍為之如此者豈不應經之所云朕乃罷極刑而囚役之不逾年而朕心咸恐復以斯經細觀其文之行用若濃雲靄羣山之疊嶂外虛而內實貌態彷彿其境又不然架空谷以秀奇峯使首有巍巒俊態成於幽塞若不知其意如入混沌鴻濛之中方乃少知微旨則又若皓月之沉澄淵鏡中之觀

實象雖形體之如然探親不可得而捫撫。況本經云吾言甚易知甚易行天下莫能知莫能行以此思之豈不明鏡水月者乎朕在中宵而深慮明鏡水月形體雖如幻乃虛而不實非著象於他處安有影耶故仰天則水月象明棄鏡捫身則知已象之不虛是謂物外求真故能探其一二之微旨遂於洪武七年冬十一月甲午著筆強為辯論未知後世果契高人之志歟朕雖菲才唯知斯經乃萬物之至根王者之

上師臣民之極寶非金丹之術也故悉朕
之丹衷盡其智意意利後人是特註耳是月
甲辰書成因為之序

大明太祖高皇帝

명태조주원장(明太祖朱元璋)

朱元璋從雲遊僧到皇帝

증용년호(曾用年號) – 홍무(洪武)
시호(諡號) – 고황제(高皇帝)
묘호(廟號) – 태조(太祖)

서기(西紀) 1328년 朱元璋 出生.
서기(西紀) 1351년 元末農民起義爆發.
　　　　　　朱元璋加入郭子興農民起義軍.
서기(西紀) 1355년 郭子興病死.
　　　　　　朱元璋繼承農民義軍團長.
서기(西紀) 1368년 朱元璋稱帝,
　　　　　　建立明朝, 是爲明太祖,
　　　　　　同年元朝滅亡.
서기(西紀) 1398년 朱元璋病逝, 享年
　　　　　　71歲.

If you hear about the path(TAO) in the morning
you can die in the evening.

CONFUCIUS : ANALECTS

注老子道德真經

河上公章句上卷

金闕玄元太上老君八十一化圖說卷第薄關清
安居士令狐璋編修
太華山雲臺觀通微（一）
道人史志經引經全解

第一化　起無始

太上老君生乎無始，起乎無因，為萬道之先元氣之祖，鴻洞溪倖於無光象聲色微妙之中，自然而生。

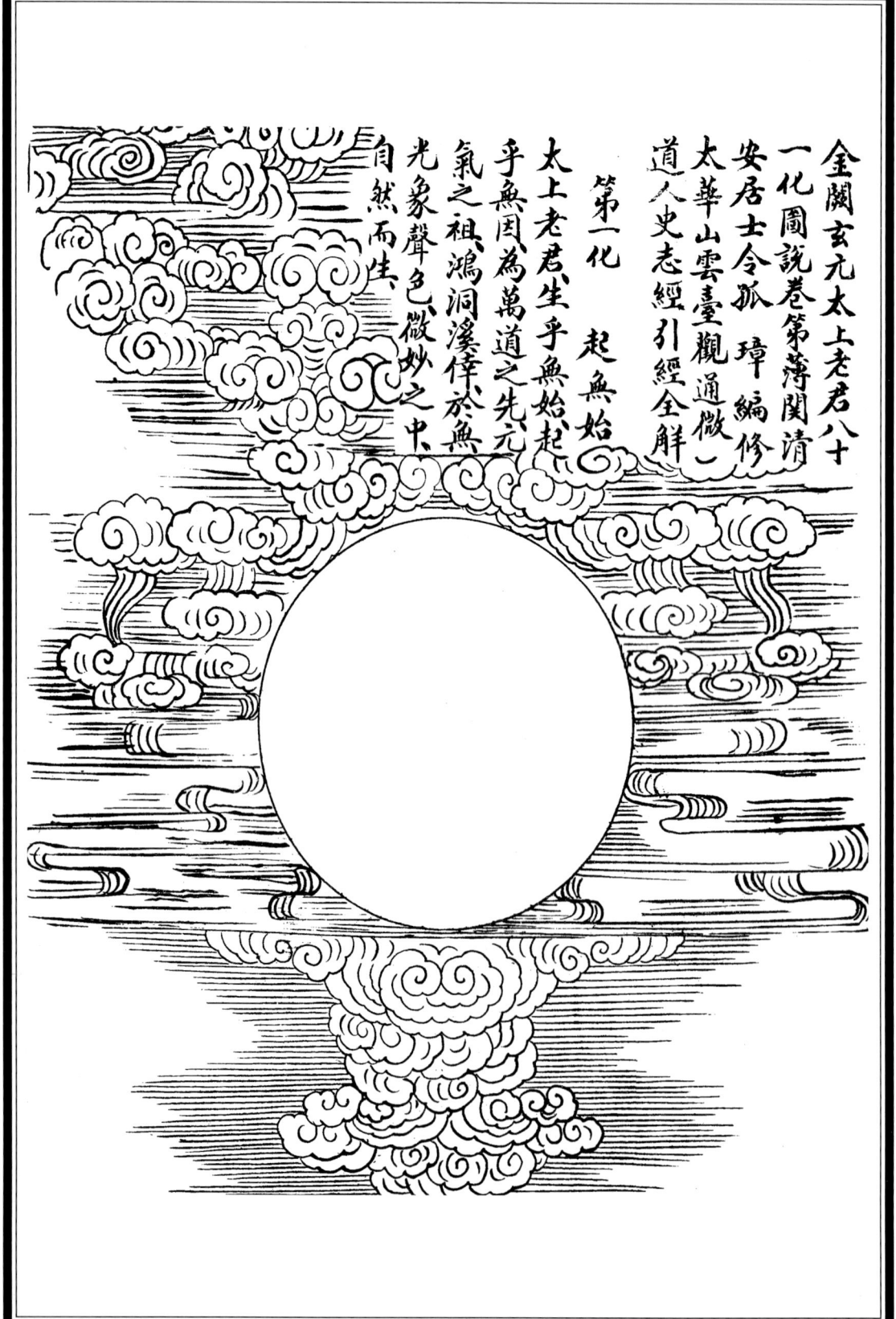

金闕玄元太上老君八十
금궐현원태상노군팔십

금궐현원(金闕玄元)이신 태상노군(太上老君)의

一化圖說卷第薄關清
일화도설권제박관청

팔십일화(八十一化) 도설(圖說)을
장장(章章)마다 모두 순서(順序)대로

安居士令孤 璋 編修
안거사령고 장 편수

짐(朕)의 명령(命令)을 받아
청안거사(淸安居士)가 그림과 설명(說明)을 붙였고
주원장(朱元璋)은 편집(編輯)을 했으며

太華山雲臺觀通微
태화산운대관통미

태화산(太華山) 운대관(雲臺觀)에 주석(駐錫)하고 있는

통미도인(通微道人)은

道人史志經引經全解
도인사지경인경전해

사지경(史志經)을 인용(引用)하여

하상공장구(河上公章句) 도덕경(道德經)을 모두 풀었다

第一化 起無始
제일화 기무시

시작(始作)을 알 수 없던 때에 인연(因緣)이 일어났다

太上老君。生乎無始。起
태 상 노 군 。 생 호 무 시 。 기

태상노군(太上老君)께서는
어느 때에 태어나셨는지 그 시작(始作)도 알 수 없고

乎無因。爲萬道之先。元
어느 때에 일어났는지 그 원인(原因)도 알 수 없으나
온갖 가지가지 만도(萬道)의 맨 앞이 되시고

氣之祖。鴻洞溪倖。於無
원기(元氣)의 시조(始祖)가 되신다
크기를 알 수 없는
크나큰 공동(空洞)과 계곡(溪谷)의 순행(順行)을 따라

光象聲色。微妙之中。
빛도 형상(形象)도 소리도 색깔도 없는 미묘(微妙)한 가운데서

自然而生。
자연(自然)이 스스로 그렇게 태어나신 것이다

第二化 顯真身

太上老君於太空之中結氣凝真強為之容或示仙姿爰及肉身不可測度自然周遍成像

第二化 顯眞身

진신(眞身)을 나타내다

太上老君。於太空之中。結
氣凝眞。強爲之容。或示仙
姿。爰及肉身。不可測度。

태상노군(太上老君)은
우주(宇宙) 공간(空間)의 진기(眞氣·精氣)가 응결(凝結)하여
강력(强力)한 위용(威容)을 갖추시고
혹은, 신선(神仙)의 자태(姿態)를 나타내기도 하시고
범부육신(凡夫肉身)에 이르기 까지
종적(蹤迹)을 예측(豫測)하거나 도무지 가늠할 수 없었으며

自然周遍成像。
자연주편성상.

자연(自然)이 스스로 그렇게
미치는 곳마다 그에 알맞게 용모(容貌)를 갖추시었다

第 二 章

If all men in the world know what is fair,

then it is unfair.

If all men know what is good,

then it is not good.

For " to be" and "not to be" co-exist,

There cannot be one without the other:

without "difficult", there cannot be "easy";

without " long", there cannot be "short";

without " high", there cannot be " low";

without sound, there can be no voice;

withou " before", there cannot be "after";

The contrary complement each other.

Therefore the sage does everything without

interference,

teaches everyone without persuasion,

and lets everything begin uninitiated

and grow unpossessed.

Everything is done without being his deed,

and succeeds without being his success.

Only when success belongs to nobody

does it belong to everyone.

第三化 尊宗主

太上老君,欲闡明大教而化萬方,曰道不可無師尊,教不可無宗主,故老君師大道君,師元始天尊。

第三化 尊宗至

종가(宗家)의 지존(至尊)이시다

太上老君。欲闡明大敎。而化萬方。曰

태상노군(太上老君)께서 대교(大敎)를 천명(闡明)하시고 만방(萬方)을 교화(敎化)하실 적에 말씀하셨다

道不可無師尊。敎不可無宗主。故老

도(道)에 사존(師尊)이 없을 수 없고 교(敎)에 종주(宗主)가 없을 수 없다

君師大道君師。元始天尊。

그러한 고로 노군(老君)께서

대도(大道)와 군왕(君王)과 제사(諸師)들의 스승이셨고
개벽(開闢)이 일어난 원시(元始)에서부터 천존(天尊)이셨다

第 三 章

Honor on man

so that none would contend for honor.

Value no rare goods

so that none would steal or rob.

Display nothing desirable

lest people be tempted and disturbed.

Therefore the sage rules

by purifying people's soul,

filling their bellies,

weakening their wills

and stengthening their bones.

He always keeps them knowledgeless

and desireless

so that the clever dare not interfere.

Where there is no interference,

there is order.

第四化 歷劫運

劫為天地成懷之名,陰陽窮盡之數,天氣極於太陽,陽極則字精化而為水,地氣極於太陰,陰極則冗精化而為火,火焚水漂,三清之下,九地之內,毫末無為流為五劫,起一伏周而還,始太上老君經此離合之數,動經億劫。

第四化 歷劫運
겁운(劫運)을 거치다

劫爲天地成懷之名。陰陽窮盡之數。天氣極於太陽。陽極則否。

겁(劫)이란
천지(天地)가 존재(存在)하는 성주괴공(成住壞空)을 모두 표현하는 명사(名詞)이다
음양(陰陽)은 수리(數理)에 의해 소진(消盡)해서 없어지는 것이다
천기(天氣)의 극(極)은 태양(太陽)으로 나타났는데
양(陽)이 극(極)에 달하면 태양(太陽)은 이지러져 적색왜성(赤色矮星·孛星)이 된다

精化而爲水。地氣極於太陰。陰極則旡。精化而爲火。火焚水漂。

정화이위수。지기극어태음。음극측부。정화이위화。화분수표。
현해물질(玄海物質)인 정(精)이 수액(水液)이 되었다
지기(地氣)의 극(極)은 달(太陰)로 나타났는데
음(陰)이 극(極)에 달하면 달은 부성(否星)이 된다

六三

정수(精水)가 변화(變化)하여 불길(火)이 되었는데
불길(火)이 다 타면 수표(水漂)처럼 화기(火氣)를 잃게 된다

三淸之下。九地之內。毫末無爲流。爲五劫。起一伏。周而還
삼청지하。구지지내。호말무위류。위오겁。기일복。주이환
삼청(三淸) 아래에 있는 모든 것이나
구지(九地) 안에 있는 어떠한 것이나
터럭 끄트머리만한 어느 하나라도
모두
겁류(劫流)에 휩쓸리지 않는 것이 없는데
이를 오겁(五劫)이라고 한다
다시 시작(始作)한 곳으로 돌아오게 된다
빙돌아
한번 일어났다가 허물어져 버리고

始。太上老君。經此離合之數。動經億劫。
시。태상노군。경차리합지수。동경억겁。

태상노군(太上老君)께서는 이러한 이합집산(離合集散)의 수(數)를 거치시기를 수도 없이 많은 억만겁(億萬劫)을 쉬지 않고 지나오시었다

第五化
闢天地

天地有形之大者然有形生於無形故能開闢天地者無形也無形者道也太上老君乃混沌之祖宗天地之父母故能分布清濁開闢天地乾坤之位也

第五化 闢天地
천지(天地)를 개벽(開闢)하다

天地有形之大者。然有形生於無形。故能開闢天地者。無形也。無形
者。道也。太上老君。乃混沌之祖宗。天地之父母。故能分布淸濁。開闢

천지유형지대자。연유형생어무형。고능개벽천지자。무형야。무형
자。도야。태상노군。내혼돈지조종。천지지부모。고능분포청탁。개벽
천지(天地)라고 하는 거대(巨大)한 우주(宇宙)는
사실(事實) 그것은 무형(無形)에서 생겨난 것이다
그러므로
천지개벽(天地開闢)은
무형(無形)이 일으키는 무형(無形)의 권능(權能)인 것이다
무형(無形)은 도(道)이다
태상노군(太上老君)은
혼돈(混沌)의 조종(祖宗)이시며 천지(天地)의 부모(父母)이시다

그러므로
청탁(淸濁)을 고르게 분포(分布)하시고

天地乾坤之位也.
천지건곤지위야.

천지개벽(天地開闢)을 하여
건곤(乾坤)의 자리를 정(定)하실 권능(權能)이 있는 것이다.

第 五 章

Heaven and earth are ruthless,

they treat everything as straw or dog.

The sage is ruthless,

he treats everyone as straw or dog.

Are not heaven and earth

like a pair of bellows?

Empty, it won't be exhausted;

Forced, more air will come out.

If more is said than done,

it would be better to take the mean.

第六化 隱玄靈

太上老君於庚寅歲九月三日託孕甲天北玄玉國天昱靈鏡山李谷之間玄靈聖聖母之胎

第六化 隱玄靈
제륙화 은현령

현령(玄靈)을 숨기고 태(胎)에 들다

太上老君。於
태상노군。어

태상노군(太上老君)께서는

庚寅歲九月
경인세구월

경인년(庚寅年) 구월(九月)

三日。託鬱卑
삼일。탁울비

삼일(三日)날

태(胎)에 의탁(依託)하시려고 인연(因緣)을 살피시고는

天北玄王國。 천북현왕국。천
울비(鬱卑)에 있는 천북현왕국(天北玄王國)과

罡靈鏡山李。 강령경산리。곡
천강령경산리(天罡靈鏡山李) 사이

之間玄靈聖 지간현령성
골짜기에 있던 현령성(玄靈聖)

聖母之胎。 성모지태。
성모(聖母)의 태(胎)를 빌리기로 하셨다

第 六 章

The vale spirit never dies.

it is the mysterious womb.

The door to the mysterious womb

is the origin of heaven and earth.

It lasts as if it ever existed;

when used, it is inexhaustible.

第七化 受玉圖

太上老君於
上皇元年出游行
往西河遇
元始天尊乘八景玉
輿老君稽首問曰普蒙
訓授天書玉字二十四
鳳今過天尊願書成就於
是以洞玄內觀玉符授老
君老君行三部八景莫
見天書玉字二十四圖

七四

第七化 受玉圖
제 칠 화   수 옥 도

천서(天書)인 옥도(玉圖)를 받다

太上老君。於
태 상 노 군   어

태상노군(太上老君)께서

上皇元年。出游行
상 황 원 년   출 유 행

상황원년(上皇元年)에
정처(定處)없는 길을 떠돌아다니실 적에

往西河。遇
왕 서 하   우

산서성(山西省)인 서하(西河)를 가게 되었는데
그곳에서

元始天尊。乘八景玉
원시천존。승팔경옥
팔경(八景)으로 꾸며진 팔경옥(八景玉) 수레를 타고 있는
원시천존(元始天尊)을 만나자

輿。老君稽首問曰。昔蒙
여。노군계수문왈。석몽
노군(老君)은
원시천존(元始天尊)에게 계수(稽首)의 례(禮)를 올리고 나서 말했다

訓授天書玉字二十四
훈수천서옥자이십사
지난 날 옛 적에
천서(天書) 옥자이십사도(玉字二十四圖)를 내려 주셨는데

圖。今遇天尊。願垂成就。於
도。금우천존。원수성취。어
지금 또 다시 천존(天尊)님을 뵙게 되었사오니
가르침을 주시어

천서(天書) 옥자이십사도(玉字二十四圖)를 볼 수 있는
대원(大願)을 성취(成就)할 수 있도록 하여 주소서

이에

원시천존(元始天尊)은

시
이
동
현
내
관
옥
부
수
노

是以洞玄內觀玉符授老

동현내관옥부(洞玄內觀玉符)를

노군(老君)에게 전수(傳授)하였다

군
。
노
군
행
삼
부
팔
경
。
병

君。老君行三部八景。並

동현내관옥부(洞玄內觀玉符)를 받은

노군(老君)은

삼부팔경(三部八景)을 목숨을 걸고 절행(絕行)함으로 하여

七七

見天書玉字二十四圖。
견천서옥자이십사도。

천서이십사도(天書玉字二十四圖)를 볼 수 있게 되었다
끝내는 눈앞에 펼치듯

第 七 章

Heaven and earth exist for ever.

The reason why they exist so long

is not that they want to exist;

where there is no want,

to be and not to be are one.

Therefore for the sage

the last becomes the first,

the out becomes the in.

As he is selfless,

all become his self.

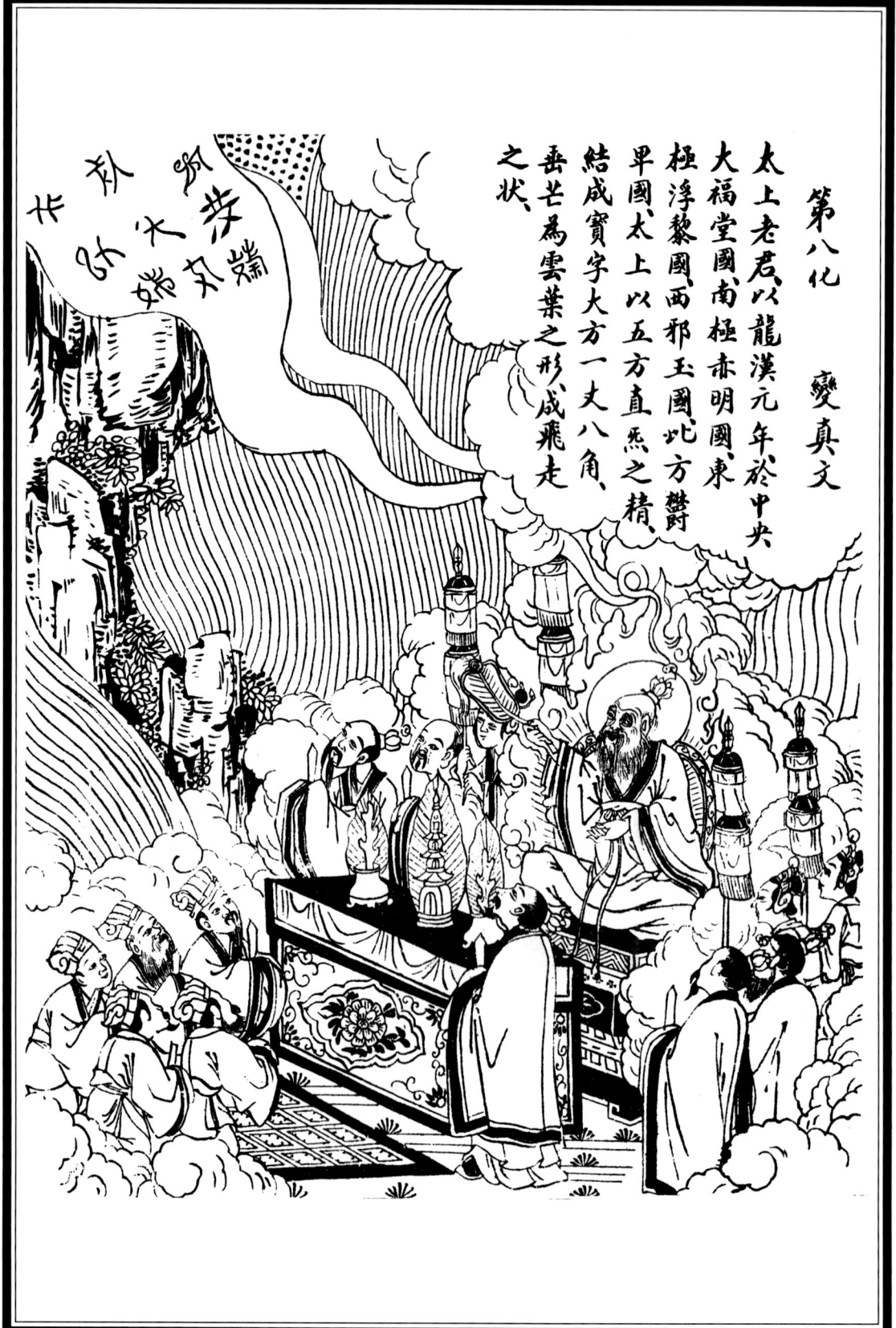

第八化 變真文

太上老君以龍漢元年於中央
大福堂國南極赤明國東
極浮黎國西那玉國北方欝
單國太上以五方直炁之精
結成寶字大方一丈八角
垂芒為雲葉之形成飛走
之狀

第八化 變眞文
제팔화 변진문

진문(眞文)으로 변화(變化)시키다

太上老君。以龍漢元年。於中央

태상노군。이룡한원년。어중앙

태상노군(太上老君)께서는
룡한원년(龍漢元年)에

大福堂國。南極赤明國。東

대복당국。남극적명국。동

중앙대복당국(中央大福堂國)
남극적명국(南極赤明國)

極浮黎國。西邪玉國。北方鬱

극부려국。서사옥국。북방울

동극부려국(東極浮黎國)
서사오국(西邪玉國)

卑國。太上以五方直炁之精。
비국。태상이오방직기지정。
북방울비국(北方鬱卑國)의 다섯 오방직기정(五方直炁精)을

結成寶字大方一丈八角。
결성보자대방일장팔각。
보문전자(寶文篆字)로 맺혀지게 하여
일장(一丈) 크기에 팔각형(八角形)으로
거침없이

垂芒爲雲葉之形。成飛走
수망위운엽지형。성비주
늘어트려 조각구름 모양으로 만들어

之狀。
지상。
날아오르고 달아나고 하는 형상(形狀)이 되게 하였다

第 八 章

The highest good is like water.

Water benefits everything by giving

without taking or contending.

It likes the place others dislike,

so it follows closely the divine law.

The place should be low,

the mind broad,

the gifts kind,

the speech trustworthy,

the rule sound,

the deed well-done,

the action timely.

Without contention,

a man is blameless.

第九化 垂經教

太上老君於中皇元年,命青童君考校天文為寶經三百卷符圖七千章玉訣九千篇又於龍漢元年著洞真經十二部、赤明元年降洞元經十二部、開皇元年出洞神經十二部、

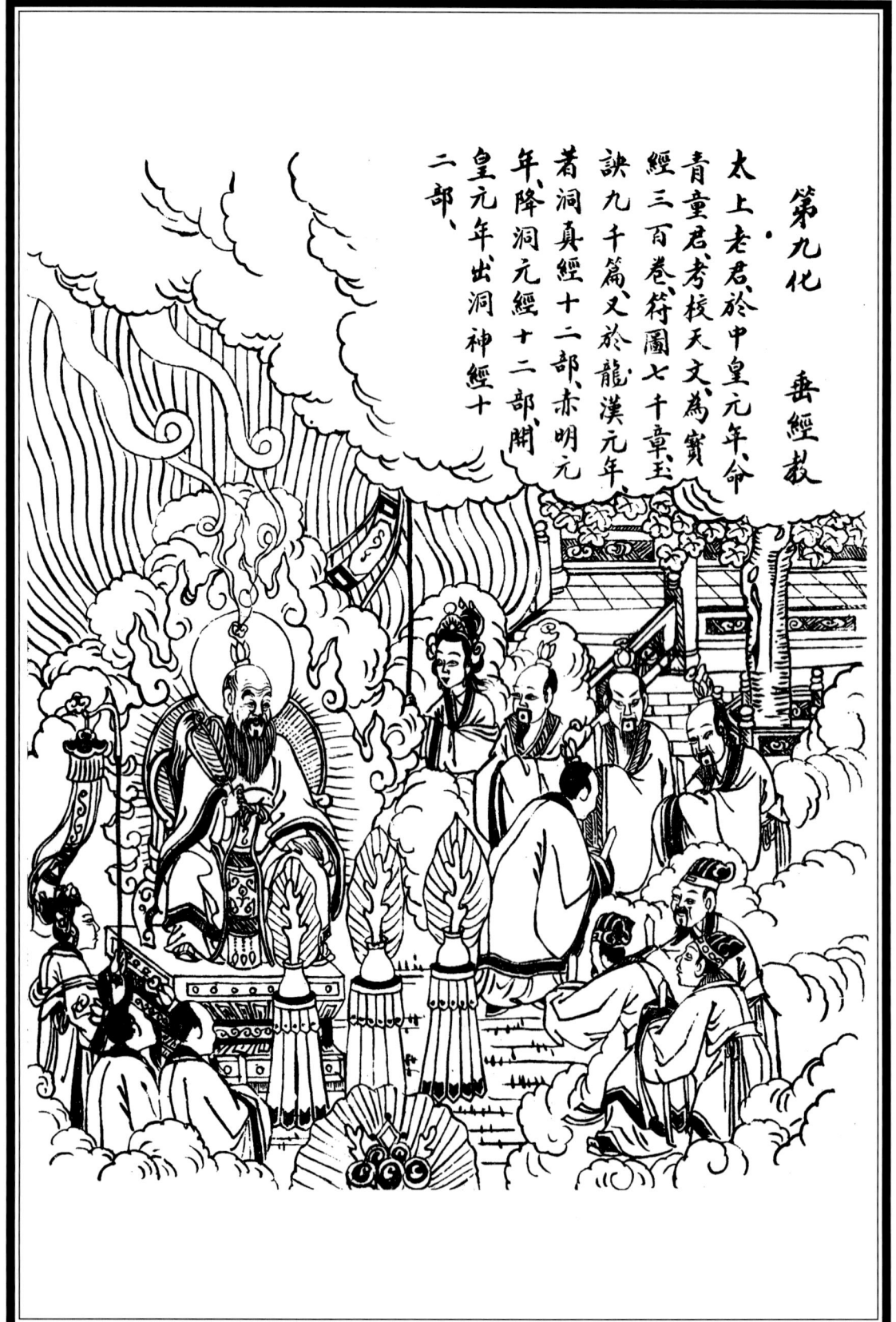

第九化 垂經教
제구화 수경교

경교(經敎)를 후대(後代)에 전(傳)하다

太上老君。於中皇元年。命
태상노군。어중황원년。명

태상노군(太上老君)께서는 중황원년(中皇元年)에

青童君。考校天文。爲寶
청동군。고교천문。위보

청동군(青童君)에게 명(命)하기를 천문(天文)을 고찰(考察)하게 하여

經三百卷。符圖七千章。玉
경삼백권。부도칠천장。옥

보경삼백권(寶經三百卷)과 부도칠천장(符圖七千章)

訣九千篇。又於龍漢元年。
옥결구천편(玉訣九千篇)을 비교(比較)하여 조사(照査)하게 하였고
또한 룡한원년(龍漢元年)에는

著洞眞經十二部。赤明元
동진경십이부(洞眞經十二部)를 저술(著述)하였고

年。降洞元經十二部。開
적명원년(赤明元年)에는
동원경십이부(洞元經十二部)를 내렸으며

皇元年。出洞神經十二部。
개황원년(開皇元年)에는
동신경십이부(洞神經十二部)를 세상(世上)에 내 보냈다

第 九 章

Don't hold your fill

but refrain from excess.

A whetted and sharpened sword

cannot be sharp for ever.

A houseful of gold and jade

cannot be safeguarded.

Arrogance of wealth and power

will bring ruin.

Withdrawal after success

conforms to the divine law.

第十化 濟五公

中皇之後、太上老君、昔於河上傳十三虛無至、人行於丑公術

第十化 溥五公
제십화 단오공

오공(五公)의 기공술(氣功術)을 단(丹)처럼 맺게 하다

中皇之
중황지
중황(中皇)이 바람처럼

後。
후。
물결처럼 지나간 후(後)에

太上老君。
태상노군。
태상노군(太上老君)께서는

昔於河上。傳
석어하상。전

어느 세월엔가 먼 옛날 하상(河上)에서

十三虛無聖。
십 삼 허 무 성.

십삼허무성(十三虛無聖)을 전(傳)하여

人行於五公
인 행 어 오 공

사람들이 오공기공술(五公氣功術)을 익혀

術。
술.

모두가
이슬처럼 단(丹)이 맺히도록 하였다

第 十 章

Can body and soul united

never sever?

Can the controlled breath be

softened as a baby's?

Can the purified mental mirror be

free from blemish?

Can a people-loving ruler not interfere

in the state affairs?

Can the lower doors not open and close

as the upper doors in heaven?

Is it possible to understand and make

understand without knowledge?

Give life and make live,

but lay no claim,

benefit but do not interfere,

lead but do not rule,

Such is the mysterious virtue.

第十一化 讚元陽

太上老君在伏羲時為人朴將散以清濁元年、號鬱華子、說元陽經授伏羲行之、以畫八卦造書契觀象取法則制嫁娶叙人倫

第十一化 讚元陽
제십일화 찬원양

원양(元陽)을 드러내 찬탄(讚嘆)하다

太上老君。在伏
태상노군。재복

태상노군(太上老君)께서
복희(伏羲) 시절(時節)에는

義時。爲人朴將
희시。위인박장

박장산(朴將散)을 만들어 사람들에게 쓰게 하였고

散。以淸濁元年。
산。이청탁원년。

청탁원년(淸濁元年)에는
청(淸)과 탁(濁)이 동체(同體)로
한 몸을 이루고 있던

號鬱華子。說元
호울화자 설원
호(號)를 울화자(鬱華子)라 하였는데

陽經。伏羲行之
양경 복희행지
원양경(元陽經)을 설파(說破)하여
복희(伏羲)에게 시행(施行)하게 하므로

以畫八卦。造
이획팔괘 조
복희(伏羲)는
획을 그어 팔괘(八卦)를 만들어

書契。觀象取。
서계 관상취
사람들이 글로 사용(使用)하게 하였으며
천문(天文)과 기상(氣象)을 살펴 법칙(法則)을 마련하였다

九四

法則. 制嫁取.
법칙. 제가취.

혼인(婚姻) 제도(制度)를 만들어

叙人倫.
서인륜.

사람들이 지켜야 할 인륜(人倫)이 가정(家庭)에서 비롯되는 것임을 일깨웠다

第十二化 置陶冶

太上老君在祝融時為人食生冷以天漢元年就廣壽子說攝摩通精經祝融行之乃鑽木出火大陶冶為器

第十二化 置陶冶
제십이화 치도야

질그릇을 굽고 쇠를 제련(製鍊)하도록 하다

太上老君。在祝融
태상노군。재축융

태상노군(太上老君)께서 축융(祝融) 시절(時節)에는

時。爲人食生冷。以
시。위인식생랭。이

사람들에게 날 음식과 찬 음식을 어떻게 먹어야 하는지 가르쳤으며

天漢元年。號廣
천한원년。호광

천한원년(天漢元年)에는

수자 설 안
壽子。說按
호(號)를 광수자(廣壽子)라 하였는데

마 통 정 경
摩通精經。
화후(火候)를 조절(調節)하는
안마통정경(按摩通精經)을 설파(說破)하였고

축 융 행 지
祝融行之。
축융(祝融)에게 시행(施行)하게 하므로

내 찬 목 출
乃鑽木出
이에 축융(祝融)은
나무에 구멍을 내고
마찰(摩擦)을 하고 비벼서

火ᆞ陶冶爲
器ᆞ

나무에서 불을 나오게 하여
도자기를 굽고 쇠붙이를 불려
그릇을 만들어 사람들이 사용하게 하였다

第十三化 教稼穡

太上老君,在神農之時為世人捕食禽獸於清漢元年蔬大成子,居濟陰說太乙元精經,神農行之,之播百穀以代熏殺,和諸藥以救疾病。

第十三化 敎稼穡
씨를 뿌리고 거두어들이는 농사법(農事法)을 가르치다

太上老君。在神農之時。爲世人。捕
태상노군。재신농지시。위세인。포

태상노군(太上老君)께서
신농(神農) 시절(時節)에는
세상(世上) 사람들을 위(爲)하여

食禽獸。於淸漢元年。號大成子。
식금수。어청한원년。호대성자。

아무것이나 함부로 포획(捕獲)해서 잡아먹지 못하게
날짐승과 길짐승 등 모든 짐승들을
먹어서 되는 것과 먹어서는 안 되는 방법(方法)을 가르쳤으며

청한원년(淸漢元年)에는
호(號)를 대성자(大成子)라 하였는데

居濟陰。說太乙元精經。神農行之。
거 제 음. 설 태 을 원 정 경. 신 농 행 지.
제음(濟陰)에 거(居)하면서
태을원정경(太乙元精經)을 설파(說破)하였는데
이를
신농(神農)에게 시행(施行)하게 하여

之播百穀。以代烹殺。和諸藥。以救
지 파 백 곡. 이 대 팽 살. 화 제 약. 이 구
온갖 곡식(穀食)을 씨를 뿌리고 거두어들이는 법(法)을 가르쳐
아무것이나 살생(殺生)하여 잡아다가
짐승의 시체(屍體)를 삶아 먹는 일을 대신(代身)하게 하였으며

疾病。
질 병.
여러 가지 약제(藥劑)를 찾아내어
사람들을 온갖 질병(疾病)에서 구(救)하도록 하였다

第 十 三 章

Praise and blame disturb the mind;

Fortune and misfortune affect the body.

Why is the mind disturbed?

Praise and blame are like

ups and downs.

The mind is troubled

with rise and fall.

So is it troubled by praise and blame.

How can fortune and misfortune

affect the body?

Because we have a body.

If we had not a body.

how can we be affected?

If you value the world as your body,

then the world may confide in you.

If you love the world as your body,

then the world may be entrusted to you.

第十四化 始器用

太上老君自伏羲之後示以世法制礼樂造衣裳作宮室剣舟車置棺槨揩弧矢立刑獄脩書契服牛馬成杵臼為重門以日中為市

第十四化 始器用

비로소 도량형기(度量衡器)를 사용(使用)하다

太上老君。自伏羲之後。示以
世法。制禮樂。造衣裳。作宮
室。劍舟車。置棺槨。措

태상노군(太上老君)께서
복희(伏羲) 이후(以後)에
일일이 세법(世法)을 지시(指示)하여
례악(禮樂)을 제정(制定)하고
의상(衣裳)을 만들어 몸에 걸쳐 벌거벗은 몸을 가리게 하였으며
나무 위에나 굴속에 살던 사람들을

울타리를 치고 집을 지어 방안에 살게 했으며

검(劍)과 배와 수레를 만들어 이용하게 했으며

칠성(七星)을 새긴 관판(棺板)과 외관(外棺)을 만들어 장례(葬禮)를 치르게 하여

인간(人間)이 어디서 왔다가 어디로 가는지 오고 가는 곳을 알게 했으며

호시 ᆞ 립형옥 ᆞ 수서
弧矢ᆞ立刑獄ᆞ脩書

활과 화살을 마련하여

유사시(有事時)에 대비(對備)하게 하였으며

형법(刑法)을 만들고

감옥(監獄)을 설치(設置)하였으며

책(册)을 만들어 글을 읽게 만들었고

계 ᆞ 복우마 ᆞ 성저묘 ᆞ 위
契ᆞ服牛馬ᆞ成杵卯ᆞ爲

소와 말을 길들여 부릴 수 있게 하였고

절구를 만들어 곡식(穀食)을 찧어 먹는 방법을 가르쳤고

중문. 이 일 중 위 시.
重門. 以日中爲市.
시내(市內)로 통하는 중문(重門)을 만들어
밝은 대낮에는 시장(市場)을 볼 수 있도록 저자거리를 만들었다

第十五化 住崆峒

太上老君在黃帝時號廣成子,居崆峒山,黃帝往見而問至道,曰:所問者物之質,奚足以及至道帝退閒居三月復往邀之,行而問治身,曰:善哉問乎,至道之精窈窈冥冥,至道之極昏昏默默,無視無聽,抱神以靜,行將自正,帝聞之,廣成子之謂矣。

第十五化 住崆峒

공동산(崆峒山)에 살다

太上老君。在黃帝時。號

태상노군(太上老君)께서 황제(黃帝) 시절(時節)에

廣成子。居崆峒山。黃帝

호(號)를 광성자(廣成子)라 하였는데 공동산(崆峒山)에서 살고 있었다

往見。而問至道。曰。所問

황제(黃帝)가 찾아와서 최상(最上)의 도(道)에 어떻게 이르는가를 묻자

광성자(廣成子)가 말하였다

者。物之質。奚足以及至
자。물지질。해족이급지
그대가 나에게 물은 것은
사물(事物)의 본질(本質)인데
어찌
반걸음에 달려와서
최상(最上)의 도(道)에 이르려고 서두르는가?

道。帝退閒居三月。復往
도。제퇴한거삼월。복왕
황제(黃帝)가 자리에서 물러나
석 달을 조용히 마음을 다스리며 지내다가 다시 찾아가서

邀之行。而問治身。曰善
요지행。이문치신。왈。선
어떻게 치신(治身)하여 자신(自身)을 바로 세울 수 있는가를 묻자
광성자(廣成子)가 말하였다

哉問平。至道之精。窈窈
재 문 평 지 도 지 정   요 요

평범(平凡)한 것을 아주 잘 물었다

최상(最上)의 도(道)인

지도(至道)의 정수(精髓)는 요요명명(窈窈冥冥)한 것이고

冥冥。至道之極。昏昏
명 명 지 도 지 극   혼 혼

최상(最上)의 도(道)인

지도(至道)의 극지(極地)는 혼혼묵묵(昏昏默默)한 것이어서

默默。無視無聽。抱神以
묵 묵   무 시 무 청   포 신 이

보려고 하여도 그 모양을 볼 수가 없고

들으려 하여도 그 움직이는 소리를 들을 수가 없다

靜。行將自正。帝聞之。廣
정   행 장 자 정   제 문 지   광

정신(精神)을 차려 가다듬고 정(靜)에 사무치면
행실(行實)은 저절로 바르게 되는 것이다
황제(黃帝)가 듣고는

成子之謂矣。
성자지위의。

광성자(廣成子)가 한 말을 천하(天下)에 모두 알렸다

第 十五 章

The ancients followed the divine law,

subtle, delicate, mysterious,

communicative,

too deep to be understood.

Not objectively understood,

it can only be subjectively described.

The ancients were circumspect as crossing

a frozen river,

watchful as fearful of hostile neighbors,

reserved as an unacquainted guest,

softened as melting ice,

natural as uncarved block,

vacant as a vale,

and obscure as a muddy stream.

Who could calm the turbid water?

It could be slowly turned clean.

Who could stir the stale water?

It could be slowly revived.

Those who follow the divine law

will not be full to the brim.

Only those who do not go to excess

can renew what is worn out.

第十六化 為帝師

太玄玉女火昊時人,居
蜀長松山,脩長生道,感
太上老君與群仙降
於山左巨石之上,神
光照映,玉女
馳往太上老
君,以八隱
文授之

第十六化　爲帝師

제사(帝師)이시다

太玄玉女。少昊時人。居

태현옥녀(太玄玉女)는
소호시대(少昊時代) 사람이다

蜀長松山。循長生道。感

촉(蜀) 지방(地方)의 장송산(長松山)에 살면서
장생도(長生道)를 준수(遵守)하며 법륜(法輪)을 굴리고 있었는데

太上老君與群仙降

태상노군(太上老君)께서
장송산(長松山) 왼쪽 산허리의 거대(巨大)한 바위 위에

於山左巨石之上。神
어 산 좌 거 석 지 상 신
바위 위에 신비(神秘)스러운

光照映。玉女
광 조 영 옥 녀
빛이 쏟아지며 어리는 것을 본 옥녀(玉女)가

馳往。太上老
치 왕 태 상 노
급(急)히 달려가

君。以八隱
군 이 팔 은
태상노군(太上老君)에게

여러 신선(神仙)들과 함께 있을 때

文授之。
문수지.

감추고 드러내는 비문(秘文)이 담긴 팔은문(八隱文)을 전수(傳授)하였다

第十七化 授隱文

太上老君、
在少昊顓
頊帝嚳唐
堯虞舜夏
后殷湯
時皆有
所授
之經

第十七化 授隱文
제십칠화 수은문

비서(秘書)인 은문(隱文)을 전수(傳授)하다

太上老君.
태상노군.

태상노군(太上老君)은

在少昊. 顓
재소호. 전

소호(少昊) 시대(時代)에는 전욱(顓頊)에게

項帝嚳唐
욱제곡당

황제(黃帝)의 증손(曾孫)이며

요(堯) 임금의 할아버지인 곡(嚳·高辛氏)에게

요(堯) 임금이 세웠다는 당(唐)의 요(堯)에게

一一九

堯虞舜夏
요우순하
순(舜) 임금이 건국(建國)했다고 하는 우(虞)의 순(舜)에게

后殷湯
후은탕
순(舜)으로부터 선양(禪讓) 받아 세웠다는 하(夏)의 우(禹)에게
은조(殷朝)의 탕왕(湯王)에 이르기까지

時。偕有
시。해유
모든 시대(時代)에 걸쳐 모두

所授
소수
비서(秘書)가 담긴

지경.
之經.
은문경(隱文經)을 전수(傳授) 받지 아니한 왕조(王朝)가 없었다

第十八化 誕聖日

太上老君以殷十八王陽甲庚申歲真妙玉女晝寢夢吞日精化五色流珠因而有孕八十一年至二十二王武丁庚辰二月十五日聖母因攀李樹剖左腋而生又玄中記所載李靈飛得脩真之道不仕其妻尹氏晝寢夢天開數丈見太上乘日精駕九龍而下化五色流珠吞之有孕、

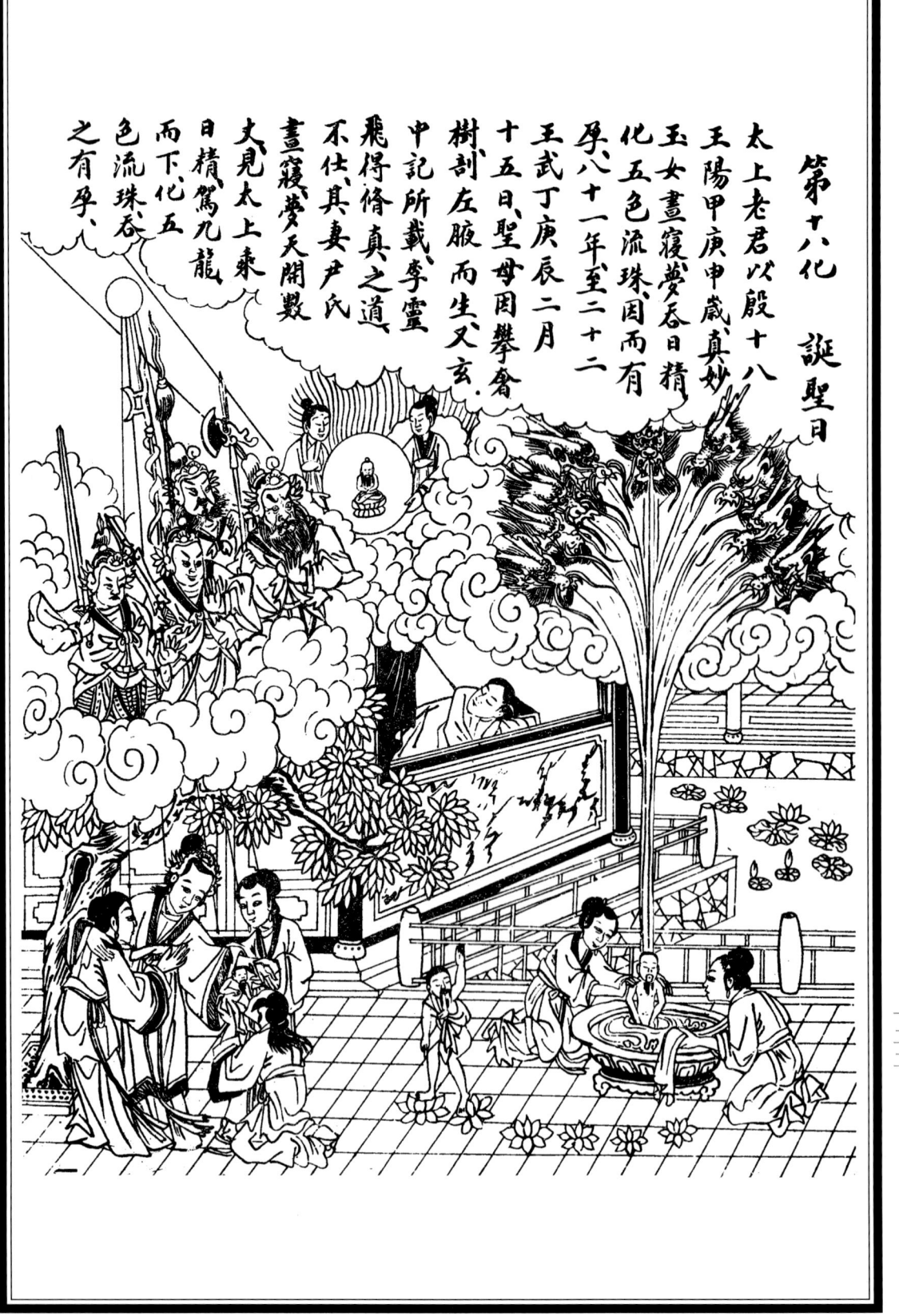

第十八化 誕聖日
제 십 팔 화　탄 성 일

거룩한 성일(聖日)이 탄생(誕生)하시다

太上老君。以殷十八
태 상 노 군 。 이 은 십 팔

태상노군(太上老君)께서는
은십팔대왕(殷十八代王) 양갑(王陽)

王陽甲庚申歲。眞妙
왕 양 갑 경 신 세 。 진 묘

경신년(庚申年)에
진묘옥녀(眞妙玉女)가

玉女晝寢。夢呑日精。
옥 녀 주 침 。 몽 탄 일 정 。

낮에 잠간 누워 쉬고 있다가 깜박 잠이 들어 꿈속에서
일정(日精)인 태양(太陽)을 삼켰는데

化五色流珠。因而有
화 오 색 류 주   인 이 유

몸속으로 들어온 일정(日精)이
오색(五色) 영롱(玲瓏)한 구슬 물줄기로 변(變)하면서
온몸을 타고 흐르는 것이었다

그리고는 임신(姙娠)하여

孕。八十一年。至二十二
잉 팔 십 일 년 지 이 십 이

팔십일년(八十一年)이 지나서 이십이대왕(二十二代王)

王武丁庚辰二月
왕 무 정 경 진 이 월

무정(武丁) 경진년(庚辰年) 이월(二月) 십오일(十五日)

十五日。聖母因攀奢
십 오 일 성 모 인 반 사

성모(聖母)가

무성(茂盛)하게 늘어진 나뭇가지를 잡으셨을 때

樹_수剖_부左_좌腋_액而_이生_생。又_우玄_현

태상(太上)께서는
좌측 겨드랑이를 가르고 태어나시었다

中_중記_기所_소載_재。李_리靈_령

또 다른 경전(經典)인 현중기(玄中記)에 실려 있는 기록을 보면

飛_비得_득脩_수眞_진之_지道_도。

리령비(李靈飛)는
수진도(脩眞道)를 깨치고 벼슬길에 나가지 않고 있었는데

不_불仕_사。其_기妻_처尹_윤氏_씨

그의 처(妻)

윤씨부인(尹氏夫人)이

주침. 몽천개수
晝寢。夢天開數
낮에 누워서 잠깐 쉬다가 꿈을 꾸게 되었다
꿈에 보니
하늘이 수십 미터가 구멍이 뚫린 듯 열리면서

장. 견태상승
丈。見太上乘
태상(太上)께서
일정(日精)인 태양(太陽)을

일정. 가구룡.
日精。駕九龍。
아홉 마리의 룡(龍)이 끄는 수레를 타고

이하. 화오
而下。化五

밑으로 내려오면서 오색(五色) 영롱(玲瓏)한

色_색流_류珠_주。呑_탄

물줄기로 변(變)하는 것을 삼키고는

之_지有_유孕_잉。

회임(懷妊)하게 되었다라고 적고 있다

第十九化 為柱史

太上老君於周文王時，號變邑子，居岐山，周聞之，拜守藏史，作赤精經及周克商，拜柱下史，值璣璇經授周公，成康時復為柱下史。

第十九化 爲柱史
주사(柱史) 벼슬을 하였다

太上老君於周文
태상노군(太上老君)께서 주문왕(周文王) 시대(時代) 때

王時。號變邑子。
호(號)를 변읍자(變邑子)라고 하였는데

居岐山。周聞之。
기산(岐山)에 거(居)하고 있었다 주문왕(周文王)이 이 소문(所聞)을 듣고는

拜守藏史。作赤
배 수 장 사 。 작 적
찾아가 례(禮)를 올리고는 수장사(守藏史)를 맡게 하였는데

精經。及周克商。
정 경 。 급 주 극 상 。
이때
적정경(赤精經)을 저작(著作)하였다
그 후(後)
주(周)나라가 상(商)나라를 정복(征服)하면서

拜柱下史。値璇
배 주 하 사 。 치 선
다시 그를 불러
주하사(柱下史)로 제수(除授)했는데

璣經授周公。成
기 경 수 주 공 。 성

이때 선기옥경(璇璣玉經)을 저술(著述)하여 주공(周公)에게 전수(傳授)하였다

康時。復爲柱下
강시。복위주하
史。
사。

성강왕(成康王) 시대(時代) 때 다시 주하사(柱下史)에 제수(除授)되었다

第二十化 棄周事尹

太上老君,歷周成康
之世,免退歸亳邑王
時見黑氣穢之祥,以
八天隱文授邵玉王
不信,俊有
膠船之難,

第二十化 棄周爵
제 이 십 화　기 주 작

주(周)나라 벼슬을 버리다

太上老君。歷周成康
태 상 노 군 　 력 주 성 강

태상노군(太上老君)께서 주(周)나라 성강왕(成康王) 시대(時代)를 거치면서는

之世。免退歸毫。昭王
지 세 　 면 퇴 귀 호 　 소 왕

관직(官職)에서 물러나 본 고장으로 돌아갔다

時。見黑氣滂之祥。以
시 　 견 흑 기 참 지 상 　 이

소왕(昭王) 때에 시커먼 안개가 일어나 상서(祥瑞)로운 기운을 덮치는 것을 보고

八天隱文授昭王。王
팔 천 은 문 수 소 왕 왕

이를 물리칠 수 있는 비방(秘方)이 적힌 팔천은문(八天隱文)을 소왕(昭王)에게 주었으나

不信。後有
불 신 후 유

소왕(昭王)이 이를 불신(不信)하였는데

膠船之難。
교 선 지 난

얼마 후(後)에 배를 타고 갈 때 꼼짝없이 배가 좌초(坐礁)되는 액난(厄難)을 당하였다

第二十章

How far away

is yes from no?

How far away

is good from evil?

What others fear,

can I not fear?

How far are they from the center?

The multitude are merry

as enjoying a sacrificial feast.

or climbing the height in spring.

Alone I am so inactive as to show no sig

innocent

as a baby who cannot smile,

indifferent

as a homeless wanderer.

All men have more than enough;

alone I seem to have noting left over.

What I have is a fool's heart!

The vulgar seem in the light;

alone I am in the dark.

The vulgar seem observant;

alone I am dull.

The multitude are useful;

alone I am useless and indolent.

Different from others,

I value the mother* who feeds.

* the divine law

第二十一化

過函關

太上老君欲之流沙先有紫氣而西度函關周大夫尹喜為關令見之乃齋戒以俟俊七月十二日果太上老君駕青牛車至喜曰聖人來矣老君曰何以知之喜曰去冬天理星西行過昴通秋日融風三至、東南真炁、狀如龍蛇此真人至也驗也

第二十一化 過函關
제이십일화 과함관

함곡관(函谷關)을 지나다

太上老君。欲之流沙。先有
태상노군。욕지류사。선유

태상노군(太上老君)께서는

그 당시 서역(西域)에 있던 작은 나라인 류사(流沙)로 가고자 했을 때

먼저

紫氣。西度函關。周大夫尹
자기。서도함관。주대부윤

자기(紫氣)가

서쪽으로 함곡관(函谷關)을 지나갔다

주(周) 나라 대부(大夫)였던

喜。爲關令。見之。乃齋戒以
희。위관령。견지。내재계이

윤희(尹喜)가 관령(關令)으로 있었는데
자기(紫氣)가 서쪽으로 함곡관(函谷關)을 지나가는 것을 보고
성인(聖人)이 지나 갈 것을 예견(豫見)한 윤희(尹喜)는
목욕재계(沐浴齋戒)를 하고 기다리고 있었다

俟。後七月十二日。果太上
사。후칠월십이일。과태상

그 후(後)
칠월(七月) 십이일(十二日)이 되니
과연(果然)
태상노군(太上老君)이

老君。駕靑牛車至。喜曰。聖
노군。가청우거지。희왈。성

푸른 소인 청우(靑牛)가 끄는 수레를 타고 당도(當到)하였다

윤희(尹喜)가 말하였다

성인(聖人)께서 오셨습니다

人來矣。老君曰。何以知之。喜

노군(老君)이 말하였다

어찌하여 알게 되었는가?

曰。去冬天理星西行過昴。遍秋

윤희(尹喜)가 말하였다

지난 겨울 하늘에서 리성(理星)이 서쪽으로 묘성(昴星)을 지나갔으며

가을이 되자

融風三至。東南眞炁。

융풍(融風)이 세 번이나 불어왔고 동남진기(東南眞炁)가

狀如龍蛇。此眞人至
상여룡사。차진인지

룡사(龍蛇)의 모양으로 똬리를 틀고 어려 있는 것을 보고는
진인(眞人)께서 오실 조짐인 것을 알았아온데

也。驗也。
야。험야。

정말 그대로
영험(靈驗)이 증명(證明)되었습니다

第二十一章

The content of great virtue

conforms to the divine law.

The divine law is something

which seems to be and not to be.

What seems to exist and does not exist?

It is the image.

What seems not to exist but exists?

It is the image of something.

What seems deep and dark?

It is the essence.

The essence is very true,

for we believe in it.

From ancient times to present day

its name cannot be erased

so that we know the fathers of all things.

How can I know

what these fathers look like?

By means of this.

第二十二化 試徐甲

太上老君謂弟子徐甲曰：吾欲往西域至函谷潛試之，乃令甲牧牛，以吉祥草化一女子，行及牧牛所，甲感之，遂廢約。索金太上老君曰：昔汝命盡吾以太玄生符投之，即活。言訖符自甲口中飛出，復為白骨。尹喜稽首願赦其罪，太上老君卻以符投甲形如故。

第二十二化 試徐甲

서갑(徐甲)을 시험(試驗)하다

太上老君謂弟子徐甲曰。
태상노군위제자서갑왈。
태상노군(太上老君)께서 제자(弟子)인 서갑(徐甲)에게 말하기를

吾欲往西域。至函谷。潛試
오욕왕서역。지함곡。잠시
내가 서역(西域)으로 가고자한다 하였다 함곡관(函谷關)에 이르러서는 서갑(徐甲)을 잠시 시험(試驗)하기로 하고는

之。乃令甲牧牛。以吉祥草
지。내령갑목우。이길상초
서갑(徐甲)에게 소를 몰고 나가 먹이를 주게 하였다

一四三

길상초(吉祥草)를 가지고

化一女子。行及牧牛所。甲
화 일 녀 자 。 행 급 목 우 소 。 갑

여자(女子)로 만들어
서갑(徐甲)이 소를 먹이고 있는 곳으로 보냈다

感之。遂廢約索金。太上老君
감 지 。 수 폐 약 색 금 。 태 상 노 군

서갑(徐甲)이 여자(女子)를 보자
이백년(二百年)을 소를 몰고 다닌
품삯을 보낸 줄 알고 여자(女子)의 몸의 뒤져 금(金)을 찾았다
서역(西域)에 가면
그간의 고생의 대가(代價)를 황금(黃金)으로 준다는 노군(老君)의 말이 있었기에
여자(女子)의 몸을 뒤졌는데 금(金)이 없었다
서갑(徐甲)은
노군(老君)이 약속(約束)을 깬 것이라고 생각하기에 이르렀다

曰。昔汝命盡。吾而以玄生
태상노군(太上老君)이 말하였다
옛날에 네가 명(命)이 끝나 백골(白骨)이 되었을 때

符投之即活。言訖。符自甲
현생부(玄生符)를 써서 너를 다시 살아나게 한 것을 잊었느냐?

노군(老君)의 말이 끝나자

口中飛出。復爲白骨。尹喜
곧바로
서갑(徐甲)의 입천장에서
취형부(聚形符)인
현생부(玄生符)가 떨어져 입 밖으로 튕겨 나오더니
서갑(徐甲)은 다시 백골(白骨)로 돌아가 버리는 것이었다

稽首。願赦其罪。
계수。원사기죄。
이를 보고 있던
윤희(尹喜)가 크게 두려워하며
머리를 조아리며 계수(稽首)의 례(禮)를 올리고는
서갑(徐甲)의 죄(罪)를
용서(容恕)해 주십사고 사정을 하자

太上老君。却以
태상노군。각이
태상노군(太上老君)이
다시
서갑(徐甲)의 입천장으로

符投。甲形如故。
부투。갑형여고。
취형부(聚形符)를 집어넣으니
서갑(徐甲)은 예전처럼 살아나는 것이었다

第二十二章

Stooping, you will be preserved.

Wronged, you will be righted.

Hollow, you will be filled.

Worn out, you will be renewed.

Having little, you may gain;

having much, you may be at a loss.

So the sage holds on to one

to be the model for the world.

He does not show himself,

so he is seen everywhere.

He does not assert himself,

so he is well-known.

He does not boast,

so he wins success.

He is not proud,

so he can lead.

As he contends for nothing,

none in the world could contend with him.

Is it not true for the ancients to say,

"Stooping, you will be preserved"?

It is indeed the whole truth to which lead

all the ways.

第二十三化 訓尹喜

太上老君西邁遇尹喜邀
聖駕至終南尹喜故宅乃
結草為樓將隱、
喜乞著書太上老
君廼受喜道德
經一之言太丹
設節解
之要、

第二十三化 訓尹喜
윤희(尹喜)에게 가르침을 주다

太上老君西邁。遇尹喜。邀
태상노군(太上老君)이
서역(西域)으로 가는 길목에서
노군(老君)을 만나게 된 윤희(尹喜)는
노군(老君)에게 간청(懇請)하여 성가(聖駕)를 모시고

聖駕。至終南。尹喜故宅。乃
종남(終南)에 있는 윤희(尹喜)의 고택(故宅)으로 가게 되었다

結草爲樓。將隱。
윤희(尹喜)는 급(急)하게 초막(草幕)을 지어

노군(老君)이 머무실 곳을 마련하고는

喜乞著書。太上老
희걸저서 태상노
노군(老君)에게 저서(著書)를 남겨주실 것을 간절(懇切)히 청(請)하였다

君洒受喜道德
군내수희도덕
이에
태상노군(太上老君)은 윤희(尹喜)의 간청(懇請)을 받아들여

經一之言太丹
경일지언태단
도덕경(道德經)을 써주고는
함께
정로(鼎爐)를 설치(設置)하여 태단(太丹)을 성취(成就)하는 방법(方法)과

設節解
설절해

之要.
지요.

계경절해(戒經節解)를 기록(記錄)한
요약본(要約本)을
윤희(尹喜)에게 전(傳)해 주었다

第二十四化 昇太微

太上老君以昭王二十六年甲寅實錄云二十四年甲寅將欲昇天告喜曰子午日清齋之俊徃城都青羊肆尋吾言訖不見喜即叩頭告曰願俊一見即仰視見太上老君坐雲華之上狀若金人與諸仙昇太微

第二十四化 昇太微
제이십사화 승태미

태미천(太微天)에 오르다

太上老君以昭王二十六年甲
태상노군이소왕이십육년갑

寅(實錄云二十四年甲寅)將欲
인(실록운이십사년갑인)장욕

昇天。告喜曰。予午日清
승천。고희왈。여오일청

태상노군(太上老君)이
소왕이십육년(昭王二十六年) 갑인년(甲寅年)에
(實錄에는 二十四年 甲寅年이라고 紀錄하고 있다)
태미천(太微天)에 오르려고 마음먹고 윤희(尹喜)에게 말하였다
내가
오일(午日)날

一五三

齋之後。往城都青羊肆
재지후。왕성도청양사
청재(淸齋)의 행사(行事)를 마친 후(後)에
성도청양(城都靑羊)으로 가니 함부로 나를 찾으려 하지 말라

尋吾。言訖不見。喜卽
심오。언흘불견。희즉
노군(老君)은 말을 마치자
곧
사라져 보이지 않았다

叩頭告曰。願後一見。
고두고왈。원후일견。
윤희(尹喜)는
머리를 조아리며 땅을 두드리는
고두(叩頭)의 계수례(稽首禮)를 올리며 말하였다

원(願)하옵건데

훗날 한번 뵈올 수 있도록 자비(慈悲)하여주소서

即仰視見太上
즉앙시견태상
그리고는
곧
고개를 들고
태상노군(太上老君)을 우러러 보니

老君坐雲華之
노군좌운화지
노군(老君)께서는
뭉게구름처럼 피어오른
화려(華麗)한 구름 운화(雲華)에 앉아 계셨다

上。上若金人。與
상。상약금인。여
운화(雲華) 위에 계신 노군(老君)의 모습은
마치

황금(黃金)으로 빚어 놓은 금인(金人)과 같았는데

諸仙昇太微.
제선승태미.

여러 선인(仙人)들과
함께
태미천(太微天)으로 올라가시는 것이었다

第二十四章

One who stands on tiptoe cannot stand firm;

who makes big strides cannot walk long.

One who sees only himself has no good sight;

who thinks only himself right cannot be recognized.

One who boasts of himself will not succeed;

who thinks himself superior cannot be a leader.

In the light of the divine law

such behavior is like superfluous food.

It is disliked

by those who follow the divine law.

第二十五化 會青羊

太上老君化身下降於蜀託孕李氏家丁巳尸喜至蜀尋於市中見人牽羊喜自解曉有青羊又在市肆太上所約此是也遂問牽羊何往答曰家去喜隨佳令告尸喜至地踢玉局太上老君化白金之身坐其玉局上賜喜文始先生號、

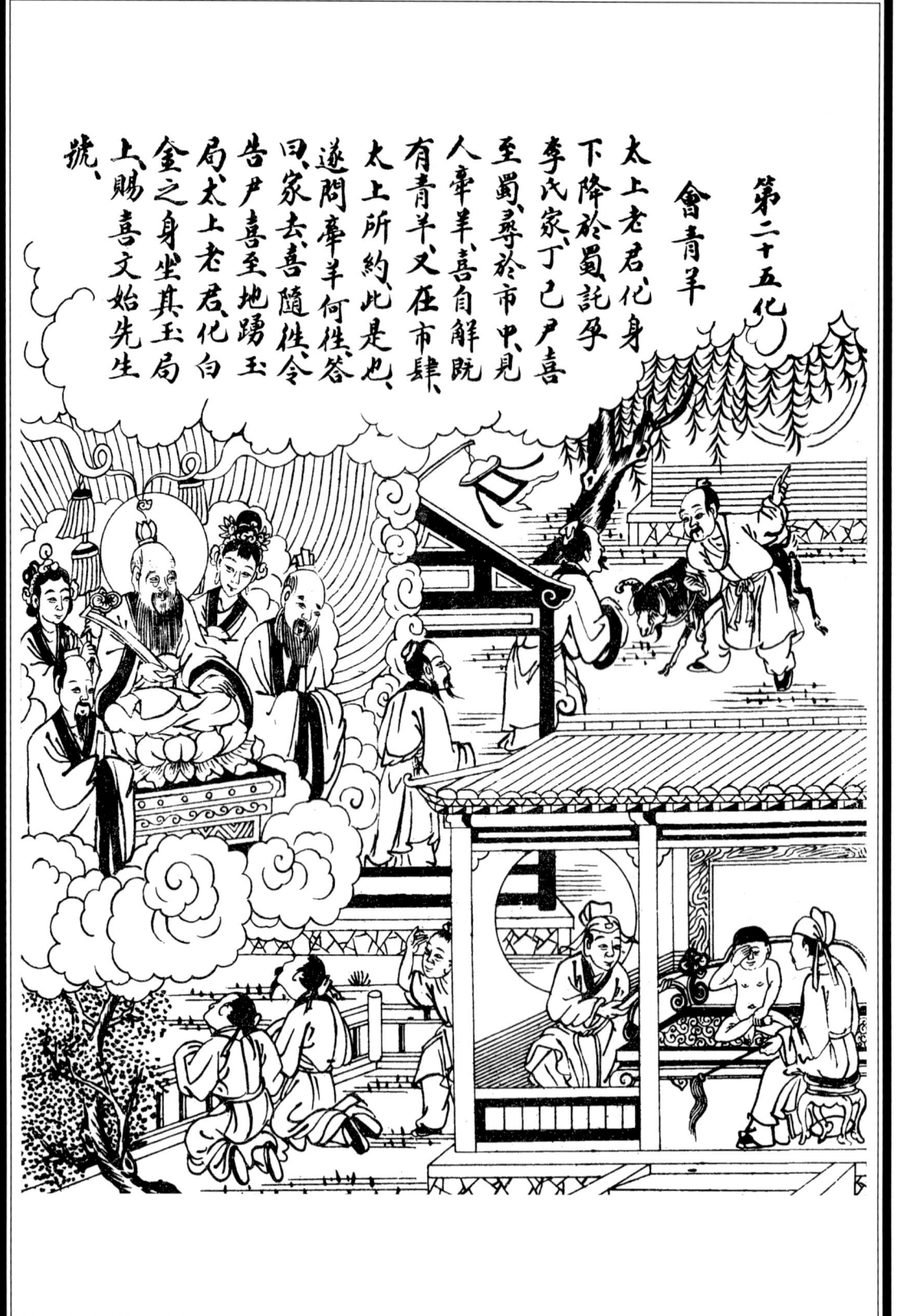

第二十五化 會青羊
제 이십오 화 회 청 양

청양(靑羊) 저자거리에서 만나다

太上老君。化身
태 상 노 군 。 화 신

태상노군(太上老君)께서
화신(化身)이

下降於蜀。託孕
하 강 어 촉 。 탁 잉

촉(蜀) 땅에 강세(降世)하여

李氏家。丁巳尹喜
리 씨 가 。 정 사 윤 희

이씨가문(李氏家門)의 태(胎)를 빌리게 되었다

정사년(丁巳年)에 윤희(尹喜)가

至蜀。尋於市中。見
지촉。심어시중。견
촉(蜀) 땅에 이르러 아무도 몰래 찾고 있었는데

人牽羊。喜自解旣
인견양。희자해기
하루는 어떤 사람이
양(羊)을 끌고 가는 것을 보았다
윤희(尹喜)가 스스로 생각하기를
태상노군(太上老君)께서

有靑羊。又在市肆。
유청양。우재시사。
성도청양(城都靑羊)에서
또
저자거리에서 함부로 하지 말라 하시며

太上所約。此是也。
태상소약 차시야
태상(太上)의 말씀을 따르라 한 것이 바로 이것이었구나 하며

遂問牽羊何往。答
수문견양하왕 답
양(羊)을 끌고 가는 사람에게 다가가 어디로 가는가 하고 물었다

曰。家去。喜隨往。令
왈 가거 희수왕 령
그 사람이
집으로 가는 길이라고 대답(對答)하였다
윤희(尹喜)가
그 사람을 따라가면서

告尹喜至地踴玉
고 윤희지지용옥
윤희(尹喜)가 왔다고 고(告)하려 하자
땅에서

一六一

널따란 반석(盤石) 같은 옥국(玉局)이 솟아오르고

局。太上老君。化白
국。태상노군。화백

백금(白金)의 몸으로 화(化)하신 태상노군(太上老君)께서

金之身。坐其玉局
금지신。좌기옥국

옥국(玉局) 위에 앉으셔서

上。賜喜文始先生
상。사희문시선생

윤희(尹喜)에게 문시선생(文始先生)이라는

號。
호。

호(號)를 내려주시었다

第二十五章

There was chaos

before the existence of heaven and earth.

Void and vast,

independent and changeless,

moving in cycle,

it may be the mother of heaven and earth.

I do not know its name

and call it the divine law

or perfunctorily style it the great.

The great will pass away,

passing implies a long way,

and however long, the way will return in the end.

So the divine law is great,

so are heaven and earth,

and so is man.

There are four things great in the universe,

and man is one of them.

Man imitates earth,

earth imitates heaven,

heaven follows the divine law,

and the divine law follows nature.

第二十六化 游諸天

太上老君與尹喜上朝元始游群帝之鄉所至天宮見天帝乘九靈之輿蔭七元之蓋建攝魔之節迎太上老君求問至道、

第二十六化 游諸天
제천(諸天)을 돌아다니다

太上老君與尹
태상노군(太上老君)께서 윤희(尹喜)와 함께

喜。朝元始。游
원시천존(元始天尊)께 조회(朝會)를 올리고

群帝之鄕。所至
여러 군제(群帝)들의 향도(鄕都)를 두루두루 돌아다니다가

天宮。見天帝乘

천궁(天宮)에 이르자 천제(天帝)가

九靈之輿。蔭七
구령지여。음칠

구령(九靈)이 메는 가마를 탔는데

元之盖。建攝魔
원지개。건섭마

칠원(七元)의 차양(遮陽)이 가마 위를 덮었으며

之節。迎太
지절。영태

마(魔)를 제압(制壓)하는 부절(符節)을 앞세우고 오는 것을 보았다

上老君。求
상노군。구

태상노군(太上老君)을 영접(迎接)하여 들이고는

問至道。
문지도.

지도(至道)에 대(對)하여 물었다

第二十七化

入闐賓

太上老君授太上老君之命化西域八罰賓居窟山胡王出獵見虹蜺貫日蓋是太上老君問是何人答曰修道之人王曰不聞有道曰大道彌隆王宜奉焉

第二十七化 入罽賓
제 이 십 칠 화 입 계 빈

계빈국(罽賓國)에 들어가다

太上老君。授太
태 상 노 군 。 수 태

태상노군(太上老君)께서는

上老君之命。化
상 노 군 지 명 。 화

태상노군(太上老君)이 운명적(運命的)으로 타고나신 권능(權能)과 권세(權勢)와 위화중생(爲化衆生)의 사명(使命)을 행사(行事)하시고자

西域。入罽賓。居
서 역 。 입 계 빈 。 거

서역(西域)을 교화(敎化)하시려고 계빈국(罽賓國)에 들어가셔서 굴산(窟山)에 묵고 있었다

窟山。胡王出獦。
굴산。호왕출갈。
호왕(胡王)이
사냥개를 데리고 굴산(窟山)으로 나왔다가

見虹蜺貫日。蓋
견홍예관일。개
신비로운 무지개인
홍예(虹蜺)가 해를 관통(貫通)하는 것을 보았다

是太上老君。問
시태상노군。문
때마침
덮개를 쓰고 있는 태상노군(太上老君)을 보고

是何人。答
시하인。답
호왕(胡王)이 물었다 누구시요?

曰。修道之
왈 수 도 지

태상노군(太上老君)이 대답했다

도(道)를 닦는 수도인(修道人)입니다

人。王曰。不
인 왕 왈 불

호왕(胡王)이 말했다

聞有道。曰。
문 유 도 왈

도(道)에 관(關)해서라면 듣고 싶지 않습니다

大道彌隆。
대 도 미 륭

이에

태상노군(太上老君)이 말했다

대도(大道)란

가득 찬 가운데 증폭(增幅)하는
신비(神秘)로운 무지개인 저 홍예(虹蜺)와 같은 것이니

왕의 봉언.
王宜奉焉.
왕(王)께서는
마땅히 받들어 모셔야 할 것입니다

第二十七章

Good deeds leave no traces.

Good words exclude mistakes.

Good at counting, none uses counters.

A good lock without a bolt

cannot be opened.

A good knot tied without strings

cannot be untied.

Therefore, a sage is good

at helping people

without rejecting anyone.

He is good at saving things

without abandoning anything.

This is called invisible wisdom.

Thus a sage is

the teacher of common people,

and the common people

are the stuff for good men.

If the teacher is not honored

and the stuff not valued,

even a wise man will be at a loss.

This is the essential secret.

第二十八化 化王子

罽賓王子
七人將侍
從至太上
會所拜曰
我生邊境、幸遇
聖人乞教存安
之道太上曰宜
修三順六微之
要内保手己外
以成和王子等
頓首奉行、

第二十八化 化王子
제이십팔화 화왕자

왕자(王子)를 교화(敎化)하다

罽賓王子 계빈왕자

계빈국(罽賓國)에 왕자(王子) 일곱 명이

七人。將侍 칠인. 장시

태상노군(太上老君)을 만나 뵙기 위하여

從至太上 종지태상

시종(侍從)을 거느리고
태상(太上)께서 계신 처소(處所)로 찾아가

會所。拜曰。
회소。배왈。
절하면서 말하였다

我生邊境。幸遇
아생변경。행우
저희들은 변방(邊方)에 태어난 사람들인데

聖人。乞敎存安
성인。걸교존안
다행(多幸)스럽게도 성인(聖人)을 뵙게 되었아오니 저희들에게 존심안양(存心安養)할 수 있는 도(道)를 가르쳐 주소서

之道。太上曰。宜
지도。태상왈。의
태상(太上)께서 말씀하셨다 그대들은 마땅히

修三順六微之
_{수 삼 순 륙 미 지}

안으로는
존심(存心)하는 방법(方法)을
극기(克己)에서 찾고 삼순(三順)을 행(行)하여

要。內保乎己。外
_{요. 내 보 호 기. 외}

진약삼보(眞藥三寶)를 누설(漏泄)하지 말고

以成和。王子等
_{이 성 화. 왕 자 등}

밖으로는
안양(安養)하는 방법을
복례(復禮)에서 찾고 륙미(六微)의 세행(細行)을 행(行)하여
세상을 평화(平和)롭게 대(對)는 태화진기(太和眞氣)를 손상(損傷)시키지 말라

頓首奉行。 돈수봉행.

계빈국(罽賓國)의 왕자(王子) 일곱 명은 태상노군(太上老君)의 말씀을 듣고 머리를 조아리며 돈수(敦首)의 례(禮)를 올리며 받들어 행(行)할 것을 다짐했다

第二十八章

Learn to be hard as man

and remain soft as woman

like a stream in the world.

This stream in the world

will not depart from the way of virtue

but rejuvenate to its infancy.

Learn to be bright

and remain in the dark,

and try to be a model for the world.

A model for the world

will not stray from the way of virtue

but stretch to infinity.

Learn to be glorious

and remain humble

like a vale in the world.

A vale in the world

will be fulfilled with constant virtue

and return to simplicity.

Simplicity may be diversified into instruments.

When a sage uses the instruments,

he becomes the ruler.

There should be unity in the rule of the great

sage.

第二十九化 集聖眾

胡王與徒眾再至山中，稽首問曰、前說深奧妙法、太上曰、昨令汝等事佛、吾以中食化之、王舉國就會、七日別去、王子復請太上中食、太上召十萬六通神人、經月來而不已、王子倉庫空已及半、神人來倆不止矣、

第二十九化 集聖衆
제 이십구 화　집 성 중

성자(聖者)의 무리들이 모이다

胡王與徒衆。再
호 왕 여 도 중。재

호왕(胡王)이 여러 무리들과 함께 다시 산중(山中)에 와서

至山中。稽首問
지 산 중。계 수 문

머리를 조아리며 태상노군(太上老君)에게 물었다

曰。前說深奧。朱
왈。전 설 심 오。주

전번(前番)에 하신 말씀은

심오(深奧)하고

너무나도 기묘(奇妙)하기까지 하였습니다

任奇妙。欲行何
<small>임 기 묘 욕 행 하</small>

무엇인가 행(行)하고 싶은데
무엇을 어떻게 해야 하는지요?

法。太上曰。昨令
<small>법 태 상 왈 작 령</small>

태상노군(太上老君)이 말하였다

汝等事佛。吾以
<small>여 등 사 불 오 이</small>

앞서서
그대들에게 말한 것처럼 그대들은 부처님을 모시도록 하라

中食化之。王擧國就
<small>중 식 화 지 왕 거 국 취</small>

내가 중식(中食)으로 공양(供養)을 하겠다

호왕(胡王)이 거국적(擧國的)으로 법회(法會)를 열어 온 백성(百姓)들이

會。七日別去。王子復
회 칠 일 별 거 왕 자 부

일주일간을
태상노군(太上老君)이 주최(主催)하는 공양(供養)을 들고는 모두가 돌아갔다

왕자(王子)가 다시

請太上中食。太上召
청 태 상 중 식 태 상 소

태상(太上)에게
중식(中食)으로 대접(待接)하겠다고 청(請)하자

十萬六通神人。經月
십 만 륙 통 신 인 경 월

태상노군(太上老君)은
십륙만륙천명(十六萬六千名)의 통신인(通神人)들을 불렀는데 한 달이 다 가도록

來而不已。王子倉庫
래 이 불 이 왕 자 창 고

一八三

밀려드는 신인(神人)들 때문에 중식(中食)을 마칠 수가 없었다

空已及半。神人來而
공이급반。신인래이

왕자(王子)는
곳간인 왕궁(王宮) 창고(倉庫)가 이미 반(半)이나 비었는데도

不止矣。
불지의。

신인(神人)들이 계속(繼續) 밀려들어 그만둘 일이 아니하였다

一八四

第二十九章

If anyone tries to take the world by force

and interfere with it,

I do not think he can succeed.

The world is a sacred realm

not to be interfered in.

Anyone who interferes in it will fail,

and who tries to keep it will lost it.

For things may lead or follow,

blow high or low,

be strong or weak,

loaded or unloaded.

So the sage will not go to excess,

to extravagance and to extreme.

第三十化 演金光

胡王曰太上徒衆果多令我倉庫將傾豈是有道人耶我向察之必是鬼魅若不早圖恐彌損害宜急焚之積薪兵圍太上遜意而八國人皆見太上身放光明火中為說金光明經

第三十化 演金光
제 삼 십 화　연 금 광

금빛 광채(光彩)를 품으며 신통(神通)을 보이다

胡王曰。太上徒衆果
호 왕 왈。태 상 도 중 과

오랑캐 나라 호왕(胡王)이 말하기를
태상(太上)의 무리들은 과연(果然) 무리들이 많다

多。令我倉庫將傾。豈
다。령 아 창 고 장 경。기

내 창고(倉庫)가 이제 얼마 안 있어 텅 비고 아무것도 없게 될 것이다

是有道人耶。我向察
시 유 도 인 야。아 향 찰

이렇게 창고(倉庫)까지 거덜나게 중식(中食)을 치르게 한다면
이러한 사람들을 보고 어찌 도인(道人)이며 신인(神人)이라 하겠는가?

之。必是鬼魅。若不早
지。필시귀매。약불조
내가 살펴 보건대
이는 틀림없이 귀신(鬼神)들이며 요귀(妖鬼)들이다

圖。恐彌損害。宜
도。공미손해。의
만약(萬若) 이를 서둘러 막지 않는다면
크게 손실(損失)을 입지 않을까 두려웁도다

急焚之。積薪兵
급분지。적신병
즉각(即刻) 불태워 없애버려야 하겠다 하고는
곧바로 병사(兵士)들을 시켜
주위(周圍)에 마른 섶을 빼들러 쌓고 불을 질렀다

圍。太上遂意。而
위。태상손의。이
그때

태상(太上)께서는
겸손(謙遜)하고 온화(溫和)한 태도(態度)를 보이셨는데

八國人皆見太
_{팔국인개견태}

여덟 나라 팔개국(八個國) 사람들이 모두 바라보니

上身放光
_{상신방광}

태상(太上)의 몸에서
광명(光明)이 방광(放光)을 일으키며

明。火中爲
_{명. 화중위}

찬란(燦爛)한 금빛 광채(光彩)가 품어져 나오는데

說金光
_{설금광}

태상(太上)께서는 불길 속에서

明경.
經。

금광명경(金光明經)을 설(說)하고 계셨다

第三十章

Those who follow the divine law to

serve the ruler

will not conquer the world by force.

Conquerors will be conquered in turn.

Where goes the army,

there grow briars and thorns.

After a great war

comes a year of famine.

It is better to achieve good results

than to conquer by force.

Good results never lead to self-conceit,

nor to vain glory,

nor to undue pride.

Good results are something

unavoidable,

not achieved by force.

The prime is followed by decline,

or it is against the divine law.

What is against the divine law will end

early.

第三十一化 起青蓮

胡王具怒益甚、又以大鑊煮之、三日三夜鑊湯之中蓮花湧出、太上坐蓮花上說蓮花經謂王曰此經神力不可思議能碎湯火汝可奉行、

第三十一化 起青蓮
제 삼십일 화 기 청 련

청색(靑色) 연꽃 청련(靑蓮)이 솟아나다

胡王其怒益甚.
호 왕 기 노 익 심.

오랑캐 나라 호왕(胡王)은

분통(憤痛)을 도저히 참지 못하고 격노(激怒)한 나머지

又以大鑊煮之.
우 이 대 확 자 지.

노군(老君)을 삶으려고

다시

큰 솥에 집어넣고

三日三夜. 鑊湯.
삼 일 삼 야. 확 탕.

삼일(三日) 밤낮을 삶았는데

之中。蓮花湧出。

팔팔 끓는 물속에서
련(蓮) 꽃이 솟아올랐는데

太上坐蓮花上。說

태상(太上)께서
련(蓮) 꽃 위에 앉으셔서

蓮花經。謂王曰。

련화경(蓮花經)을 설(說)하고 계시면서
호왕(胡王)에게 말하였다

此經神力。

이 련화경(蓮花經)의 위신력(威神力)은

불가사의의。
不可思議。

참으로 불가사의(不可思議)하여서

능벽탕화。
能辟湯火。

펄펄 끓는 물도

활활 타오르는 불길도

가(可)히 털끝 하나도 건드리지 못할 것이다

여가봉행。
汝可奉行。

그대는

이 경(經)을 받들어 봉행(奉行)하도록 하라

第三十二化

捧神龍

胡王轉怒、
遂令沉於
水中太上老君、
亦遯水而入水
不能溺神龍捧
於水上爲說澗
盤經、

第三十二化 捧神龍
제 삼 십 이 화 　 봉 신 룡

신룡(神龍)이 받들어 들어 올리다

胡王轉怒。
호 왕 전 노 。

오랑케 나라 호왕(胡王)이

치밀어 오르는 화를 더 이상 참지 못하고 더욱 격노(激怒)하며

遂令沈於
수 령 침 어

노군(老君)을

물속에 집어던져버렸다

水中。太上老君。
수 중 。 태 상 노 군 。

물속으로 내동댕이쳐진 노군(老君)은

亦遜水而入水
역 손 수 이 입 수
물 속에서도
역시
겸손(謙遜)하고 유순온화(柔順溫和)한 태도(態度)를 보이셨는데

不能溺。神龍捧
불 능 익。 신 룡 봉
물에 빠지거나 물에 잠긴 것도 아니고
신비(神秘)롭게도
한 마리의 룡(龍)이 나타나

於水上。爲說涅
어 수 상。 위 설 열
노군(老君)을
물위로 받들어 들어 올렸는데

盤經。
반 경。

음뎐무(음뎐궁)는 그 아흐로서 움뎐궁(음뎐)무(無궁)를 넌(賢)읎오뎐다

第三十三化

摧劍戟

胡王告隣
國曰、國內
有一老人、
變化無常、
願興兵跟
助、頃間胡
兵悉圍老
君害之太上
身放威光飛
電八衡聲如
霹靂天石
反中胡兵、
胡王投地
作禮伏
道歸教

第三十三化 摧劍戟
제 삼 십 삼 화   최 검 극

창검(槍劍)을 두 동강내다

胡王告隣
호 왕 고 린

오랑케 나라 호왕(胡王)이

노군(老君)을 어떻게 당해내지 못하고

國曰。國內
국 왈 。 국 내

이웃나라에 도움을 청하였다

有一老人。
유 일 노 인 。

우리나라에

이상한 노인(老人)이 한 사람이 있는데

變化無常。

변화(變化)가 무쌍(無雙)하여

도저히 어떻게 할 방법이 없습니다

願興兵跟

제발 군대(軍隊)를 보내 주어

그 노인(老人)을 처치(處置)하도록 도와 주시오

助。頃間胡

이에 따라

경각간(頃刻間)에 지원군(支援軍)이 몰려와

兵悉圍老

노군(老君)을 빼 둘러 포위(包圍)하고

君害之。太上
군해지。태상

노군(老君)을 해(害)치려고 하였다

身放威光。飛
신방위광。비

이때

노군(老君)의 몸에서

굉장한 빛이 품어져 나왔는데

電八衝。聲如
전팔충。성여

번쩍 번쩍거리며

품어져 나온 빛이 벼락으로 변하여

霹靂。夫石
벽력。부석

하늘을 가르는 뇌성벽력(雷聲霹靂) 소리를 내며

돌을 날려

反中胡兵。
반 중 호 병。

창칼은 모두 두 동강나고
호(胡)나라 병사(兵士)들이나
이웃나라 지원군(支援軍)들은 돌을 맞았다

胡王投地
호 왕 투 지

이런 일이 일어나자
오랑케 나라 호왕(胡王)은 오체투지(五體投地)를 하고

作禮。伏
작 례。복

례(禮)를 다해서 머리를 조아리며

道歸敎。
도 귀 교。

도(道)의 가르침에 목숨을 걸고 귀명(歸命)하겠다고 맹서(盟誓)를 하였다

第三十三章

It needs observation to know others,

but reflection to konw oneself.

Physically strong, one can conquer others；

mentally strong, one can couquer oneself.

Content, one is rich；

with strong will, one can persevere.

Staying where one should, one can endure

long；

Unforgettable, one is immortal.

第三十四化　說浮屠

太上老君令尹喜爲佛乃
語胡王曰已告汝師敕汝
罪犯群胡惟喜於是
太上說四十二章經、
乃遣飛天神
王、率國人生
喜心者、翦鬚
髮偏袒合掌
赭衣以作
浮屠喪門
授以浮屠
之教、

第三十四化　說浮屠

제 삼 십 사 화　설 부 도

부도(浮屠)의 가르침을 설(說)하다

太上老君。令尹喜爲佛。乃

태 상 노 군。령 윤 희 위 불。내

태상노군(太上老君)이

윤희(尹喜)로 하여금 부처님 화신(化身)이 되게 하여서

語胡王曰。己告汝師。赦汝

어 호 왕 왈。기 고 여 사。사 여

오랑케 나라 호왕(胡王)에게 말하였다

내가

그대들에게 스승님의 말씀을 전(傳)하겠다

罪犯。群胡懽喜。於是

죄 범。군 호 환 희。어 시

스승님께서

그대들이 저지른 죄(罪)를 모두 사(赦)하신다고 하셨다

이 말을 들은

호(胡) 나라 군중(群衆)들은 기뻐하지 않는 사람이 없었다

太上說四十二章經。
태상설사십이장경.

태상노군(太上老君)은

그들에게 사십이장경(四十二章經)을 설(說)하시고 나서

乃遣飛天神
내견비천신

곧바로

비천신왕(飛天神王)을 보내

王。率國人生
왕。솔국인생

온 나라 안에 있는 사람 가운데

喜心者。剃鬚
희심자。체수
누구든
환희심(歡喜心)을 낸 사람은
수염을 밀고 머리를 깎게 하고

髮偏袒合掌。
발편단합장。
한 쪽 어깨가 드러나도록 옷을 입고 합장(合掌)하도록 하며

赭衣以作
자의이작
붉은색 자의(赭衣)를 입게 하고

浮屠喪門。
부도상문。
부도(浮屠・佛教)인 상문(喪門)을 행(行)하도록 하라 하시며

授以浮屠之教.
수이부도 지교

부도(浮屠)의 가르침을 주시고
스님이 되어
불도(佛道)를 닦도록 하셨다

第三十四章

The divine law is a stream

overflowing letf and right.

All things grow from it,

and it never turns away.

It achieves the deed without the fame.

It breeds all thing

but will not claim to be their lord.

So it may be called "Little."

All things cling to it,

but it will not claim to be their master.

So it may be called "Great."

As it never claims to be great,

so it becomes great.

第三十五化

太上老君俱薩羅國
舍提婆城坐師子輿
諸仙降伏九十
六種邪道不使
寃生鬼神
流布世間

第三十五化 降伏九十六種外道
제삼십오화 항복구십륙종외도

구십륙종외도(九十六種外道)를 굴복(屈伏)시키다

太上老君。俱薩羅國。
태상노군。구살라국。

태상노군(太上老君)께서
서역(西域) 구살라국(俱薩羅國) 사제파성(舍提婆城)을

舍提婆城。坐師子。與
사제파성。좌사자。여

주유(周遊)하실 적에
사자(師子・獅子)를 타시고

諸仙降伏九十
제선항복구십

제선(諸仙)들에게
구십륙종(九十六種)의 사도(邪道)를 항복(降伏)시켜 주었으며

六種邪道。不使
육 종 사 도   불 사

유명부(幽冥府)에 속(屬)한

冥生鬼神
명 생 귀 신

귀신(鬼神)들이

함부로 세간(世間)을 휘저으며

流布世間。
류 포 세 간

삿된 법(法)을 류포(流布)시키지 못하도록 하였다

第三十五章

Keeping the great image in mind,

you may go everywhere.

Wherever you go, you bring no harm

but safety, peace and security.

Music and food

may attract travellers.

The divine law is tasteless

when it comes out of the mouth.

It is invisible when looked at,

inaudible when listened to,

and inexhaustible when used.

第三十六化

藏日月

太上老君
迦夷國其
王好殺初
不信真及
見凌犯太
上以左手
把日右手
把月藏於
頭中天地
冥昧國人
恐怖.

第三十六化 藏日月
제삼십륙화 장일월

일월(日月)을 감추어 숨기다

太上老君
태상노군

태상노군(太上老君)께서

迦夷國其
가이국기

서역(西域)

가이국(迦夷國)이라는 나라를 주유(周遊)하실 적에

王好殺。初
왕호살。초

가이국(迦夷國)의 국왕(國王)이 살생(殺生)만을 일삼고

불신진 급
不信眞。及
　애시당초부터
　진상도(眞常道)를 믿지 않을 뿐만 아니라

견릉범 태
見凌犯。太
　능욕(凌辱)을 일삼으며 죄(罪)를 저지르는 것을 보고는

상이좌수
上以左手
　태상노군(太上老君)께서
　도저히
　그대로 지나치실 수가 없어

파일 우수
把日。右手
　좌수(左手)로는 해를 잡으시고

把月。藏於
파월。장어
우수(右手)로는 달을 잡으시고는

頭中。天地
두중。천지
머리 속에 해와 달을 감춰 버리셨다

冥昧。國人
명매。국인
온 천지가 모두 어두워져서 캄캄해지니

恐怖。
공포。
온 나라 사람들이 공포에 떨게 되었다

第三十七化 撥太山

太上老君至條支國、有邪師行幻法王謂之聖人王令卻國有太山太上令尹喜制山山遂不動王請太上卻之太上以九節杖撥而擲之如人弃一把土爾王與國人不復奉邪師、一心歸道奉太上永為弟子、

第三十七化 撥太山

태산(太山)을 없애다

太上老君至條至國。

태상노군(太上老君)께서 주유(周遊)하실 적에
조지국(條至國)이라는 나라를 지나시게 되었는데

有邪師。行幻法。王謂

조지국(條至國)에
삿된 한 술사(術士)가 있어
사람을 홀리는 환법(幻法)을 부리고 있었는데

之聖人。王令却國有

왕(王)이 그를 성인(聖人)이라고 받들고 모셨다

하루는
왕(王)의 말을 듣고
그 술사(術士)가
그 나라에 있는 태산(太山)을 흔들리게 하였다

태산．태산령윤희제
太山。太上令尹喜制
태상(太上)께서 이를 아시고는
윤희(尹喜)에게 산(山)을 꼼짝 못하게 하라 하였다

산．산수부동．왕
山。山遂不動。王
태상(太上)의 명(命)을 받은 윤희(尹喜)가
곧바로 산(山)을 꼼짝 못하게 만들어 버렸다

청태상각지．태
請太上却之。太
이를 알게 된 왕(王)이
태상(太上)에게

上以九節杖撥
상 이 구 절 장 발

태상(太上)은
아홉 마디로 이루어진 구절장(九節杖) 지팡이를 가지고

而擲之。如人
이 척 지 여 인

후려쳐서 아예 없애 버렸다

이는

棄一把土爾。王
기 일 파 토 이 왕

마치
보통 사람이
한 주먹의 흙을 손에 쥐고 획하고 던지는 것과 같았다

산(山)을 옮겨 달라고 간청(懇請)을 하자

與國人。不
여국인。불
이를 본
왕(王)과 백성(百姓)들은

復奉邪師。
부봉사사。
더 이상 삿된 법(法)을 행(行)하는 술사(術士)를 받들지 않고

一心歸道。
일심귀도。
일심(一心)으로 도(道)에 귀의(歸依)하여

奉太上。永
봉태상。영
태상(太上)을 받들고

爲弟子。
위제자。

영원(永遠)히 제자(弟子)가 되겠다고 맹서(盟誓)하였다

내경도(內經圖·石刻板)

注老子道德真經

河上公章句下卷

第三十八化 游于闐

太上老君於于闐國時,王子率國人迎於南渠山之上,造作精舍,太上曰:吾教汝依教律,不得邪婬飲酒殺害,王曰:更有餘教耶?太上曰:吾所行因機教化,盡入法門,如民不知罪福,即以浮屠之法,制鍊身心,令尹喜化作太上,曰善,太上佩圓光,足踏蓮花,從空而下,禮拜老君,太上謂王曰:此吾弟子,為汝等之師也。

第三十八化 游于闐

전국(闐國)을 주유(周遊)하다

太上老君於于闐國時。
태상노군(太上老君)이 전국(闐國)에 갔을 때

王子率國人。迎於南渠山
왕(王子)이 백성(百姓)들을 거느리고 남거산(南渠山)으로 가서 태상(太上)을 영접(迎接)하고

之上。造作精舍。太上
지상. 조작정사. 태상
정사(精舍)를 지어 머물게 하였다

曰。吾教汝。依教律。不
왈 오교여 의교률 불

태상(太上)이 왕(王子)에게 말하였다
내가 그대에게 가르침을 주겠다
그대는 교(敎)와 률(律)에 의지(依支)하고

得邪婬飮酒殺害。王曰。
득사음주살해 왕왈

사음(邪婬)을 범(犯)하지 말고
음주(飮酒)를 일삼지 말며
살해(殺害)를 함부로 행(行)하지 말아라

更有餘敎耶。太上曰。
갱유여교야 태상왈

왕(王)이 태상(太上)에게 여쭈었다
또 다른 가르침을 주실 말씀은 없으신지요?

이에
 태상(太上)이 왕자(王子)에게 말하였다

吾所行．因機敎化．盡
오소행．인기교화．진
 내가 행(行)하는 것은
 인연(因緣)과 기회(機會)를 접변(接變)시켜 교화(敎化)하여

入法門．如民不知罪
입법문．여민부지죄
 모두 법문(法門)에 들게 하는 것이다
 만일(萬一)에
 인기(因機)를 론(論)하기 전(前)에
 백성(百姓)들이 죄(罪)와 복(福)이 무엇인가를 알지 못할 때는

福．卽以浮屠之
복．즉이부도지
 곧

부처님 가르침인 부도(浮屠)의 법(法)으로

法。制鍊身心。王
법。제련신심。왕

신심(身心)이 삼독(三毒)을 따라 춤추지 못하도록 조복(調伏)하고 륙도만행(六度萬行)을 바퀴삼아 끊임없이 연마(鍊磨)해야 할 것이다

曰善。太上令尹
왈선。태상령윤

왕(王)은 너무 좋으신 말씀이라 하며 감복(感服)하였다 태상(太上)께서 윤희(尹喜)로 하여금

喜。化作金人。身
희。화작금인。신

금 빛나는 금인(金人)으로 화신(化身)시켜

長丈六。項佩圓
장장륙。항패원

키가 류장(六丈)이 되는 몸으로 만들어
목에는 둥근 빛의 광원(光圓)을 두르게 하고

光_광。足_족踏_답蓮_련花_화。從_종
발은 련화(蓮花)를 밟게 하고

空_공而_이下_하。禮_례拜_배老_노
공중(空中)에서 내려와
노군(老君)에게 배례(拜禮)를 하도록 하였다

君_군。太_태上_상謂_위王_왕曰_왈
태상노군(太上老君)이 왕(王)에게 말하였다

此_차吾_오弟_제子_자。爲_위汝_여
이 금빛나는 금인(金人)이 나의 제자(弟子)인데

等之師也.
등지사야.

그대들의 스승으로 삼으라

第三十八章

A man of high virtue does not claim he has virtue,

so he is virtuous.

A man of low virtue claims he has not lost virtue,

so he is virtueless.

A man of high virtue does nothing on purpose；

a man of low virtue does nothing

without purpose.

A good man does good without purpose；

a just man does good on purpose.

When a formalist does good without

receiving response,

he will stretch out his arms to enforce compliance.

So virtue is lost when the divine law

is not followed；

humanism is lost after virtue；

justice is lost after humanism；

formalism is lost after justice.

Formalism show the gradual loss of

loyalty and faith,

and the beginning of disorder.

Foresight is the superfluous

part of the divine low,

leading to ignorance.

Therefore a true great man

prefers the thick to the thin,

the substantial to the superfluos.

He rejects not the former but the latter.

第三十九化

留神鉢

太上老君告諸
喪門吾有神鉢
常得法味使神
氣和平命飛天
神人以鉢置空
中為其守護此
鉢名鉢多
羅號三滿
多清靜若
能覩輕慢
者不見

第三十九化 留神鉢
제삼십구화 류신발

공중(空中)에 있는 신기(神奇)한 바리때

太上老君告諸
태상노군고제

태상노군(太上老君)께서

불문(佛門)의 상문(喪門) 제자(諸子)들에게 말하였다

喪門吾有神鉢
상문오유신발

나에게 신기(神奇)한 바리때인 신발(神鉢)이 있는데

常得法味使神
상득법미사신

이 바리때에는 항상(恒常) 맛있는 법(法)이 있어서

氣和平命飛天
기 화 평 명 비 천

신기(神氣)가 흘러넘치고

평화(平和)가 조화(調和)를 이루어

목숨처럼 소중(所重)히 여기는 것이다

神人以鉢置空
신 인 이 발 치 공

하늘을 수호(守護)하는 비천신인(飛天神人)들이

이 바리때가 있는 공중(空中)을 지키고 수비(守備)하며

中爲其守獲此
중 위 기 수 획 차

인연(因緣) 있는 천인(天人)들이

분수(分數)에 따라 자량(資糧)을 얻게 하는도다

鉢名鉢多
발 명 발 다

이 바리때의 이름을 발다라(鉢多羅)라 하며

羅號三滿
라 호 삼 만

호(號)를 삼만다(三滿多)라 하는데

多淸靜若
다 청 정 약

상청상정(常淸常靜)한 사람은 능(能)히 볼 수 있으나

能觀輕慢
능 도 경 만

하늘 높은 줄 모르고 천명(天命)을 가볍게 여기거나

者不見。
자 불 견。

실상(實相)을 업신여기는 자(者)의 눈에는 보이지 않을 것이다

第四十化　化諸國

太上老君降伏外道身放九色
神光通照西方諸國光所極處應
得與所來者八十餘國王及后
妃眷屬盡來集會聽法太上曰吾
欲汝等禁戒殺害之心即令吾
弟子尹喜為佛與汝等為
師喜身放金色神
光面東而坐太上
留鉢盂而
昇天
矣

第四十化 化諸國
제사십화 화제국
여러 나라를 교화(敎化)하다

太上老君降伏外道身放九色
태상노군항복외도신방구색

태상노군(太上老君)이
구십륙종외도(九十六種外道)를 항복(降伏)시키실 때
노군(老君)의 몸에서
아홉 색깔의 광명(光明)이 신비(神秘)롭게 쏟아져 나와

神光通照西方諸國光所極處應
신광통조서방제국광소극처응

서역(西域)을 사방(四方)으로 비출 때
여러 나라에 빛이 닿는 곳곳마다 반응(反應)이 일어나

得與所來者八十餘國王及后
득 여 소래자 팔십여 국왕 급 후
팔십여국(八十餘國)의 국왕(國王)과 후비(后妃)들이

妃眷屬盡來集會聽法太上曰吾
비 권 속 진래 집회 청법 태상 왈 오
모든 권속(眷屬)들과 함께
설법(說法)을 들으려고 모두 몰려왔다

欲汝等禁戒殺害之心卽令吾
욕 여 등 금계 살해 지심 즉 령 오
이에
태상(太上)이 말씀하기를
그대들에게
살생(殺生)하려는 마음을 고치고
계(戒)를 지켜 나갈 수 있게 하기 위하여

弟子尹喜爲佛與汝等爲
제자 윤희 위 불 여 여 등 위

나의 제자(弟子) 윤희(尹喜)로 하여금
부처님의 화불(化佛)이 되어 그대들의 스승이 되게 하겠다

태상노군(太上老君)의 말이 끝나자

師喜身放金色神
사 희 신 방 금 색 신

윤희(尹喜)의 몸에서
금빛 광명(光明)이 신비(神秘)롭게 일어나고

光面東而坐太上
광 면 동 이 좌 태 상

윤희(尹喜)는 동쪽을 향(向)해서 앉았다

留鉢盂而
류 발 우 이

태상노군(太上老君)은 발우(鉢盂)를 남기고

昇天 승천 태청천(太淸天)으로

矣 의.

승천(昇天)하여 올라갔다

第四十章

The divine law may go opposite ways;

even weakness is useful.

All things in the world come into being

with a form;

the form comes form the formless.

第四十一化

到天竺

太上老君先於葱嶺
降太毒龍已矣南至
烏長遍歷五天竺國
迎太上於嗜闍
山獨樹下化玉
座與王說浮屠
戒律度衰
門立佛法

第四十一化 到天竺
제사십일화 도천축

천축(天竺)에 도착(到着)하다

太上老君先於葱嶺
태상노군선어총령

태상노군(太上老君)은

먼저 총령(葱嶺)에서 아주 무서운 독룡(毒龍)을

降太毒龍已矣南至
항태독룡이의남지

이미 항복(降伏)시키고

발걸음을 옮겨 남쪽으로 오장(烏萇) 지역(地域)에 이르고

烏萇遍歷五天竺國
오장편력오천축국

오천축국(五天竺國)을 편력(遍歷)하실 적에

迎太上於嗜闍
영태상어기도
태상노군(太上老君)을 영접(迎接)하려고

山獨樹下化玉
산독수하화옥
기도산(嗜闍山)은 스스로 알아서 독자적(獨自的)으로
최고로 잘 생긴 나무를 골라
그 나무 아래에 옥좌(玉座)를 화현(化現)시켰는데

座與王說浮屠
좌여왕설부도
태상노군(太上老君)은
그 옥대(玉臺)에 앉으셔서
오천축국(五天竺國)의 왕(王)들에게

戒律度喪
계률도상

부도계률(浮屠戒律)에 관(關)한 설법(說法)을 해주고

門立佛法
문립불법

상문(喪門)을 제도(濟度)하고
불법(佛法)을
반석(盤石)과 같이 확립(確立)시켜주었다

第四十二化 入摩竭

太上老君入摩竭國
現希有相手執空壺
以化其王立浮
屠教名清靜佛
號末摩尼
令彼剎利
婆羅門等
奉行

第四十二化 入摩竭

마갈국(摩竭國)에 들어가다

太上老君入摩竭國
태상노군(太上老君)이 마갈국(摩竭國)에 들어가서

現希有相手執空壺
보기 드문 희유(稀有)한 상(相)으로 손에 빈 주전자를 쥐고

以化其王立浮
물을 부어대는 모습으로 그 나라의 왕을 교화(敎化)시켜

屠敎名淸靜佛

부도(浮屠)를 세우게 하고는

이름을 청정불(淸靜佛)이라 가르치고

號_호 末_말摩_마尼_니

호(號)를 말마니(末摩尼)라고 부르게 하였다

令_령 彼_피 刹_찰利_리

또 분부(分付)를 내려 찰리(刹利)와

婆_바羅_라門_문等_등

바라문(婆羅門)들에게 지성(至誠)으로

奉_봉行_행

받들어 봉행(奉行)하라고 하였다

第四十二章

One is the child of the divine law.

After one come two,

after two come three,

after three come all things.

Everything has a bright and a dark side,

co-existent in harmony.

People dislike to be

lonely and worthless.

But rulers call themselves the sole and

unworthy.

So things may gain when they seem to

lose,

or lose when they seem to gain.

I will teach

what others teach me.

The brute will die a brutal death.

I will teach this as a lesson.

第四十三化 舍衛國

太上老君於舍衛國自化作佛
侵天而降天人
待衛到其宮中
坐七寶座
王與群臣
遠佛瞻仰
其身長百千丈偏滿虛空

第四十三化 舍衛國
_{제사십삼화 사위국}

사위국(舍衛國)에 화신(化身)을 나타내다

太上老君於舍
_{태상노군어사}

태상노군(太上老君)께서 사위국(舍衛國)에서

衛國自化作佛
_{위국자화작불}

부처님으로 화신(化身)을 나타내시기로 하시고
스스로 부처님 몸으로 화신(化身)하여

從天而降天人
_{종천이강천인}

하늘에서
천인(天人)과 함께 내려와 시위(侍衛)를 거느리고

二五五

시위도기궁중
侍衛到其宮中
사위국(舍衛國)의 왕궁(王宮)에 도착(到着)하여

좌칠보좌
坐七寶座
칠보(七寶)로 된 보좌(寶座)에 앉으셨다

왕여군신
王與群臣
그러자 왕(王)과 군신(群臣)들은

요불첨앙
遶佛瞻仰
부처님을 에워싸 돌면서 례(禮)를 올리며 배알(拜謁)했는데

기신장백
其身長百
그 키의 길이가

千丈徧滿
천장편만

백천장(百千丈)을 넘어

虛空
허공

허공(虛空)을 가득 채웠다

第四十四化

賜丹方

柱冲子玄逸學
道祁真靜神守
一感展真人
降九華丹
方告曰太
上老君於
東海八亭山召
集群真有地
官舉子故勅
我付子
仙方

第四十四化 賜丹方
제사십사화 사단방

구화단(九華丹)의 처방(處方)을 내려주다

枉冲子玄逸學
왕충자현일학

왕충자(枉冲子) 현일(玄逸)이 열심히 도(道)를 배우면서

道祁眞靜神守
도기진정신수

정신수일(靜神守一)이 진실(眞實)로 대단하여

一感展眞人
일감전진인

전진인(展眞人)을 감동(感動)시켜

降九華丹
강구화단

구화칠보전단(九華七寶轉丹)을 내려 보내게 되었는데

방고왈태
方告曰太
전진인(展眞人)이
이를 현일(玄逸)에게 전(傳)해 주면서 말하였다
이 처방(處方)은

상노군어
上老君於
태상노군(太上老君)께서

동해팔정산소
東海八亭山召
동해(東海) 바다 팔정산(八亭山)에서

집군진유지
集群眞有地
여러 군진(群眞)들을 소집(召集)한 일이 있었는데

官^관擧^거子^자故^고勅^칙

그 때 그 가운데 한 지관(地官)이 그대를 천거(薦擧)하므로

我^아付^부子^자

귀중(貴重)한 선방(仙方)을

仙^선方^방

그대에게 가져다주게 된 것이다

第四十五化 弘釋教

太上老君將欲再弘浮屠教法，以周莊王九年乃於梵天命煩陀王乘月精騎白象託廕天竺國摩耶夫人為淨梵王之子，至十年甲午四月初八日生於右脇。

第四十五化 弘釋敎
제 사 십 오 화　홍 석 교
석교(釋敎)를 널리 전파(傳播)하다

太上老君將欲再弘浮屠敎法
태 상 노 군 장 욕 재 홍 부 도 교 법
태상노군(太上老君)께서
다시 부도교법(浮屠敎法)을 널리 전파(傳播)하기 위하여

以周莊王九年乃於梵天命煩
이 주 장 왕 구 년 내 어 범 천 명 번
주장왕구년(周莊王九年)에
범천(梵天)의 번타왕(煩陁王)에게 명(命)하여

陁王乘月精騎白象託廕
타 왕 승 월 정 기 백 상 탁 음
월정(月精)을 가지고 흰 코끼리를 타고
세상에서 가장 아름다운 자궁(子宮)을 가진 여인(女人)을 선택(選擇)하여

天竺國摩耶夫人爲淨梵
천축국(天竺國) 마야부인(摩耶夫人)의 태(胎)를 빌리기로 하고

王之子至十
정범왕(淨梵王)의 아들로 태어나도록 했는데

年甲午四月
그때는
주장왕십년(周莊王十年)

初八日生
갑오(甲午)의 해 초파일(初八日)의 일이었으며

於右脇

태자(太子)는 마야부인(摩耶夫人)의 오른 쪽 옆구리를 열고 세상에 태어났다

第四十六化

授真經

太上
老君降于樓觀授道
士宋倫中景
道通真之經并靈飛
六甲素奏丹符至景
王時太上遣仙官下
迎受書爲太清真人
下司中嶽嵩山神仙
之錄

第四十六 授眞經 _{제사십륙 수진경}

진경(眞經)을 내려주다

太上 _{태상}
더 이상 위가 없으신 태상(太上)께서

老君 _{노군}
노군(老君)으로 화신(化身)을 나타내

降于 _{강우}

樓觀 _{루관}
태청궁(太淸宮)을 본떠 만든 루관(樓觀)에 내려오셨다

루관(樓觀)에 내려오신 태상(太上)께서는

授道
　수　도
　송륜(宋倫)에게
　도(道)를 전수(傳授)하기로 하고

士宋
　사　송
　도사(道士) 송륜(宋倫)에게

倫中
　륜　중
　중경(中景)의 도(道)와

景之
　경　지
　진상(眞常)을 통달(通達)할 수 있는

道通眞之
도통진지

경전(經典)을 전수(傳授)하였고

經幷靈飛
경병령비

아울러

六甲素奏丹符至景
륙갑소주단부지경

령비륙갑(靈飛六甲)과 소주단부(素奏丹符)도 함께 전수(傳授)하였다

王時太上遣仙官下
왕시태상견선관하

그 후(後)에 경왕(景王) 때에 이르러 태상(太上)께서 선관(仙官)을 파견(派遣)하시어

迎受書爲太淸眞人
영수서위태청진인

경서(經書)를 내려 보내 받게 하였고
태청진인(太淸眞人)에 봉(封)하여

下司中嶽嵩山神仙
하사중악숭산신선

사명(司命)을 통괄(統括)하게 함에
신선부(神仙府)를 설치(設置)하여

之錄
지록

중악(中嶽) 숭산(嵩山)에서
신선(神仙)의 명부(名簿)를 관리(管理)하게 하였다

第四十六章

When the world goes the right way,

battle steeds are used for tillage.

When the world goes the wrong way,

pregnant mares are used in war.

No crime is greater than insatiable desire；

no woe is greater than covetise.

If you know contentment comes from being

content,

you will always have enough.

第四十七化 嘆猶龍

孔子與南宮敬叔見老君歸謂弟子曰鳥吾能知其飛魚吾能知其游獸吾能知其走走者可以為綱游者可以為綸飛者可以為矰至於龍吾不能知其乘風雲而上天吾見老子其猶龍耶

第四十七化 嘆猶龍
제사십칠화 탄유룡

찬탄(讚嘆)하도다 룡(龍) 같은 이시여!

孔子與南宮敬
공자여남궁경

공자(孔子)와 남궁경숙(南宮敬叔)이

叔見老君歸謂
숙견노군귀위

태상노군(太上老君)을 만나고 돌아와서

弟子曰鳥吾能
제자왈조오능

제자(弟子)들에게 다음과 같이 말하였다

知其飛魚吾能
지기비어오능

새는
날아다니는 것을 내가 알고

知其游獸吾能
지기유수오능

물고기는
헤엄치는 것을 내가 알고

知其走者可
지기주자가

짐승은
발로 다니는 것을 내가 안다

以爲綱游者可以爲
이위강유자가이위

헤엄치는 것은 헤엄치는 방법으로

綸飛者可以爲繒至
륜비자가이위증지

날아다니는 것은 날개 짓의 모양으로
비단결 같은 아름다움을 보여주지만

於龍吾不能知其乘
어 룡 오 불 능 지 기 승
룡(龍)에 대(對)하여는 내가 보건데

그 룡(龍)이

風雲而上天吾見老
풍 운 이 상 천 오 견 노
바람을 몰고 하늘로 올라가는지
구름을 타고 하늘로 올라가는지 도무지 모르겠도다

子其猶龍耶
자 기 유 룡 야
노자(老子)를 뵈오니
마치 룡(龍)과 같은 분이였도다

第四十八化　揚聖德

商太宰問孔子曰丘聖
歟曰博學者又問三王善
任智勇者五帝善任
仁義者太宰大駭曰西
孰為聖歟孔子曰西
方之人有聖者
焉不治而不亂
不言而信不
行而至時孔子
在魯克洲是
也老君
在周洛陽
是也菓
先有猶龍之
嘆有聖德者
老君是也

第四十八化 揚聖德
제 사 십 팔 화 양 성 덕

거룩한 덕(德)을 드러내 널리 전파(傳播)하다

商太宰問孔子曰丘聖
상 태 재 문 공 자 왈 구 성

상(商)나라 태재(太宰)가 공자(孔子)에게
어떻게 거룩하게 되는가 문자 공자(孔子)가 대답(對答)하기를

歟曰博學者又問三王善
여 왈 박 학 자 우 문 삼 왕 선

학문(學問)이 많은 박식(博識)이면 된다고 하자
태재(太宰)가 공자(孔子)에게
다시 삼왕(三王)에 관(關)하여 물었다

任智勇者五帝善任
임 지 용 자 오 제 선 임

공자(孔子)는 대답했다

삼왕(三王)이
지혜(智慧)로운 자(者)와
용감(勇敢)한 자(者)를 골라서 잘 썼기 때문에
삼왕(三王)을 칭송(稱誦)하지 않는 자(者)가 없는 것이며
오제(五帝)는
인애(仁愛)로운 자(者)와
의(義)로운 자(者)를 골라서 잘 썼기 때문에
오제(五帝)를 찬탄(讚嘆)을 하지 않는 자(者)가 없는 것이다

仁義者太宰大駭曰
인의자태재대해왈

태재(太宰)가 공자(孔子)의 말을 듣고 크게 두려워하면서

孰爲聖歟孔子曰西
숙위성여공자왈서

다시 공자(孔子)에게
거룩한 성자(聖者)가 누구냐고 묻자

공자(孔子)가 말하였다

方之人有聖者 방지인유성자
서방(西方)에 거룩한 성자(聖者)가 한 분이 계셨는데

焉不治而不亂 언불치이불란
그 분은 다스리지 않아도 혼란(混亂)이 없었고

不言而信不 불언이신불
말하지 않아도 믿고 행(行)하며 따르지 않는 자(者)가 없었다

行而至時孔子 행이지시공자
그 당시(當時) 그 때

在魯充洲是
재 노 충주 시

공자(孔子)는
노(魯)나라 충주(充洲)에 있었고

也老君
야 노 군

노자(老子)인
태상노군(太上老君)은

在周洛陽
재 주 낙 양

주(周)나라 낙양(洛陽)에 있었으므로

是也兼
시 야 겸

서방(西方)에 성자(聖者)가 있다고 한 말은 바로 이것을 말한 것이고

先有猶龍之
선유유룡지

앞 장(章)에서 말하였듯이 마치 룡(龍)과 같다고

嘆有聖德者
탄유성덕자

찬탄(讚嘆)해 마지않은 것은

老君是也
노군시야

성덕(聖德)을 갖추신 분

바로

노군(老君)을 두고 말한 것이다

第四十九化

胤四真

太上之道理身理國
四真奉芳莫違不忒
不求百代宗芳靡改
四真者莊周列禦冦
庚桑楚辛研迊
太上弟子也

第四十九化 胤四眞
제사십구화 윤사진

도(道)를 계승(繼承)한 네 명(名)의 진인(眞人)

太上之道理身理國
태상지도리신리국

태상도(太上道)의 섭리(攝理)로
육신(肉身)의 팔만모병(八萬毛病)을 다스린 자(者)
국가(國家)와 만성(萬姓)을 편안하게 인도(引導)한 자(者)

四眞奉兮莫違不忮
사진봉혜막위불기

네 명(名)의 진인(眞人)을 받들지어다
어기거나 거스르지 말지어다

不求百代宗兮靡改
불구백대종혜미개

남을 시기하지도 않았고 욕심(慾心)을 부리지도 않았도다

백대(百代)를 이은 종가(宗家)여!
절개(節槪)를 뜻어 고친 바도 없도다

四眞者莊周列禦寇
사진자장주렬어구

네 명(名)의 진인(眞人)
그들은 도대체 어떤 사람들인가?

庚桑楚辛硏洒
경상초신연내

그들이 바로

장주(莊周)
열어구(列禦寇)
경상초(庚桑楚)
신연내(辛硏洒)이며

太上弟子也
태상제자야

태상노군(太上老君)의 제자(弟子)들이다

第五十化 教衛生

南榮趎見庚桑子,庚桑子曰奔蜂不能化藿蠋,越雞不能伏鵠卵,魯雞固能之矣,雞之與雞,非有能與不能者,其材有巨細也。吾材小,不足以化子,子胡不南見老子耶。南榮趎贏糧七日七夜至老子之所,而問道焉,老子教以衛生之經。

第五十化 教衛生
제 오 십 화　교 위 생

위생경(衛生經)이 세상(世上)에 전(傳)해진 경위(經緯)

南榮趎見庚桑子
남영추견경상자
남영추(南榮趎)가 강상자(庚桑子)를 만나 도(道)를 묻자

庚桑子曰奔蜂不
경상자왈분봉불
강상자(庚桑子)가 남영추(南榮趎)에게 말하였다

能化藿蠋越鷄不
능화곽촉월계불
날아다니는 벌은 애벌레를 부화(孵化)시키지 못하고
월계(越鷄)는 뻐꾹새 알을 부화(孵化)할 수 없지만

能伏鵠卵魯鷄故
노계(魯鷄)는 훈련(訓練) 시키면
뻐꾹새 알을 부화(孵化)시킬 수가 있다

能之矣雞之與雞有
이처럼
똑 같은 닭과 닭 사이라도

能與不能者其材
부화능력(孵化能力)이 있는 것과 없는 것이 있듯이

故有巨細也吾材小
재목(材木)에도
거대(巨大)한 것과 자디 잔 것이 있다

不足以化子子胡不
불 족 이 화 자 자 호 불
나는 재목(材木)이 적어
그대를 교화(敎化)시키기에는 부족(不足)하다

南見老子耶南榮趎
남 견 노 자 야 남 영 추
그대는
남쪽으로 가 노자(老子)님을 찾아뵙는 것이 어떻겠는가?

嬴糧七日七夜至老
영 량 칠 일 칠 야 지 노
남영추(南榮趎)는 식량(食糧)을 짊어지고
머나먼 길을 칠일(七日) 밤낮을 쉬지 않고 달려

子之所而問道焉老
자 지 소 이 문 도 언 노
노자(老子)님 계신 곳을 찾아가서 도(道)를 가르쳐 달라고 하자

子敎以衛生之經
자 교 이 위 생 지 경

노자(老子)는

남영추(南榮趎)에게

생명(生命)을 보전(保全)하는 경전(經典)인 위생경(衛生經)을 가르쳐 주었다

第五十章

From birth to death,

one-third of men live long,

one-third die early,

and one-third

live and move

near the realm of death.

How can it be so?

For men overvalue a long life.

In fact, those who live long

will not go near rhinos or tigers

on land,

nor go to war in armor with shield,

so that rhinos have no use of their

horns,

and tigers of their claws,

and soldiers of their swords.

How can it be so?

For they will not come near the

realm of death.

第五十一化 訓陽子

陽子居南之沛老子
游秦至梁
而遇陽子
老子仰天
嘆曰始以
汝為可教今不
可教陽子不答
至舍進與澡申櫛脫
履戶外請問其過老
子曰而睢睢而盱盱
而誰與居太白若辱
盛德若不足陽子蹵
然變容曰敬聞
命矣

第五十一化 訓陽子
양자(陽子)를 가르치다

陽子居南
양자거남
양자(陽子)가 남쪽의 패(沛) 땅에 살고 있었다

之沛老子
지패노자
마침 노자(老子)가 주유(周遊)하실 적에

游秦至梁
유진지량
진(秦)을 거쳐 양(梁) 나라에 이르렀을 때

而遇陽子
이우양자

양자(陽子)를 만나게 되었다

노자앙천
老子仰天
노자(老子)는 고개를 들고 하늘을 향(向)하여

탄왈시이
嘆曰始以
탄식(嘆息)을 하며 양자(陽子)에게 말하였다

여위가교금불
汝爲可敎今不
내가 처음에는 그대를 가르칠만한 인재(人才)로 보았는데

가교양자불답
可敎陽子不答
이제 보니 가르칠만한 재목(材木)이 아니구나

양자(陽子)는 이 말을 듣고 아무 대꾸도 하지 않고

至舍進與澂申擗脫
지 사 진 여 돈 신 즐 탈
집에 얼른 와서 대충 급하게 집안을 정리하고

履戶外請問其過老
리 호 외 청 문 기 과 노
신발을 문 밖에 벗어 놓고는
노자(老子)님을 정중하게 청(請)하여 모시고
잘못이 무엇인가를 노자(老子)님에게 여쭈었다

子曰而睢睢而盱盱
자 왈 이 휴 휴 이 우 우
이에 노자(老子)가 말하였다
남을 무시하고 자기 자랑이나 하고 뽐내며 오만방자(傲慢放恣)하면

而誰與居太白若辱
이 수 여 거 태 백 약 욕
어느 누가 그런 사람과 함께 하려 하겠는가?

二九五

盛德若不足陽子蹴
성 덕 약 불 족 양 자 축

태백성(太白星)을 욕(辱)되게 하면

아무리 덕(德)이 많아 흘러넘쳐도 부족(不足)할 것이다

양자(陽子)가 어쩔 줄 몰라 하며

然變容曰敬聞
연 변 용 왈 경 문

얼굴 색(色)이 변(變)하면서 공손(恭遜)하게 말했다

命矣
명 의

분부(分付)대로 목숨 바쳐 받들겠습니다

第五十一章

Everything grows in accordance with

the divine law;

it is bred in its internal virtue,

formed by its environment,

and completed by external influence.

That is why all things

obey the divine law

and value their own virtue.

The divine law is omnimpotent

and virtue is valuable.

None orders them to obey,

but they obey naturally.

In accordnce with the divine law

all things are bron and bred in

their virtue,

grown up and developped,

completed and matured,

protected and sheltered.

Creation without possession,

action without interference,

leadership without domination,

Such is the mysterious virtue.

第五十二化 天地數

太上老君居景室山與五老帝君共談天地之數撰集經書有浮提國二神人出金壺中墨汁以寫之及汁盡乃刳心瀝血以代墨汁

第五十二化 天地數
제오십이화 천지수

천지(天地)의 운수(運數)를 논(論)하다

太上老君
태상노군

태상노군(太上老君)께서

居景室山
거경실산

경실산(景室山)에 기거(寄居)하실 때에

與五老帝
여오로제

오로제군(五老帝君)들과 함께

君共談天
군공담천

천지(天地)의 운수(運數)를 담론(談論)하시면서

地之數撰
지지수찬

천명(天命)이 담긴 천지수(天地數)를

集經書有
집경서유

경전(經典)으로 편집(編輯)하려 할 때에

浮提國二神人
부제국이신인

부제국(浮提國)의 두 신인(神人)이

出金壺中墨汁
출금호중묵즙

금 주전자인 금호(金壺)에 들어 있는 먹 즙을 부어

以寫之及汁盡
이 사 지 급 즙 진

천지개벽경(天地開闢經)을 쓰기 시작(始作)하였다

경(經)을 쓰다가 먹 즙이 떨어지자

乃刳心瀝血以
내 고 심 력 혈 이

부제국(浮提國)에서 온 두 신인(神人)은

자기들의 심장(心臟)을 칼로 도려내 흐르는 피를 찍어

代墨汁
대 묵 즙

먹 즙을 대신(代身)하여

천지개벽경(天地開闢經)인

천명론(天命論)을 기록(記錄)으로 써서 남기게 하였다

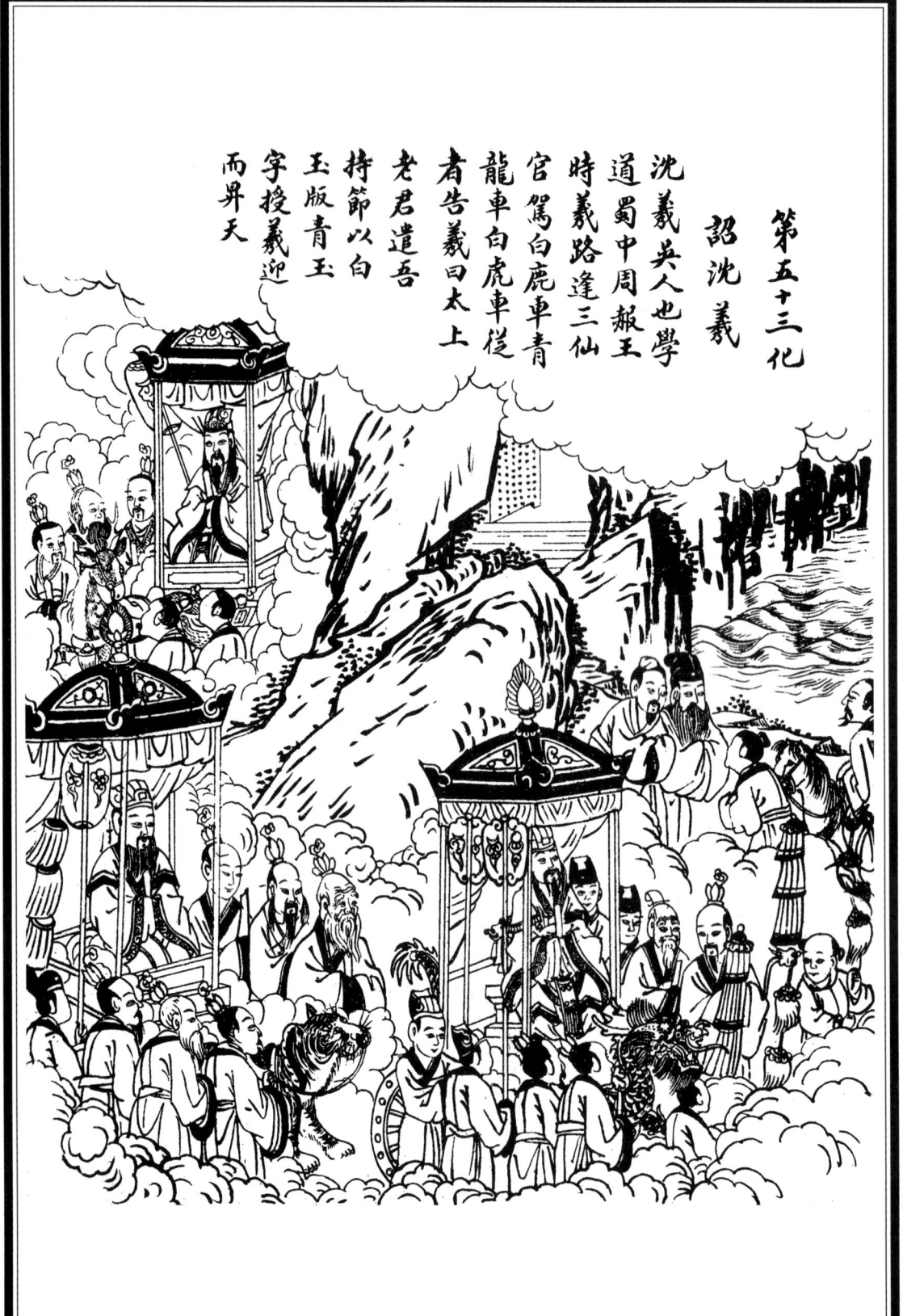

第五十三化

詔沈羲

沈羲吳人也學
道蜀中周報王
時羲路逢三仙
官駕白鹿車青
龍車白虎車從
者告羲曰太上
老君遣吾
持節以白
玉版青玉
字授羲迎
而昇天

第五十三化 詔沈義
제오십삼화 조심희

심희(沈義)에게 조칙(詔勅)을 내리다

沈義吳人也學
심희오인야학

심희(沈義)는 오(吳)나라 사람으로 도(道)를 배우고 있었다

道蜀中周赧王
도촉중주난왕

촉(蜀)나라 주난왕(周赧王) 때

時義路逢三仙
시희로봉삼선

심희(沈義)가 길을 가다가 세 선관(仙官)을 만났는데

官駕白鹿車靑
관가백록거청

흰 사슴이 끄는 수레

푸른 룡(龍)이 끄는 수레

룡거백호거종
龍車白虎車從

흰 호랑이가 끄는 수레를 각각 타고 있었다

자고희왈태상
者告義曰太上

수레를 따르던 시종(侍從)이 심희(沈義)에게 이르기를

노군견오
老君遣吾

태상노군(太上老君)께옵서 우리에게 명(命)하여

지절이백
持節以白

부절(符節)을 가지고 가서 전(傳)하라 하셨습니다

玉版靑玉 옥판청옥
그렇게 말하고는
백옥판(白玉版)에 청옥(靑玉)의 글자가 새겨진 옥부(玉符)를

字授義迎 자수희영
심희(沈羲)에게 전(傳)하고

而昇天 이승천
수레를 탄 선관(仙官)들은
심희(沈羲)를 영접(迎接)해서 태청천(太淸天)으로 올라갔다

第五十四化 解道德

漢文帝讀五千文數事莫通太上老君寄跡陝河之濱帝使使問義太上曰道尊德貴非可遙問帝親請太上不起帝曰普天之下率土莫非王土子雖有道朕民也太上拊掌躍身昇空室答曰余上不在天中下不居地何民人下之比帝乃悟知是神人告而求教

第五十四化 解道德
도덕(道德)을 해석(解釋)해 주다

漢文帝讀五千文數事
한문제독오천문수사

한문제(漢文帝)가
오천문장(五千文章)을 수도 없이 독파(讀破)했는데도
무슨 내용(內容)인지
막힌 부분(部分)을 도저히 깨닫지 못하고 근심하고 있던 중에

莫通太上老君寄跡
막통태상노군기적

태상노군(太上老君)께서
협하(陝河) 강변(江邊)에 와 있다는 소문(所聞)을 듣고

陝河之濱帝使使問
협하지빈제사사문

한문제(漢文帝)는 사신(使臣)을 보내 사신(使臣)에게 자기를 대신해서 도덕경(道德經)의 대의(大義)에 대하여 묻게 하였다

義太上曰道尊德貴
의 태상왈 도 존 덕 귀

이에
태상노군(太上老君)이 말하기를
도(道)란 존엄(尊嚴)하고 덕(德)이란 소중(所重)한 것이어서

非可遙問帝親請太
비 가 요 문 제 친 청 태

길이 멀고 가까운 것을 따져서도 안 되겠지만 어찌
그 먼 곳에서 사람을 보내 도(道)를 묻는다는 말인가?
이 말을 사신(使臣)으로부터 전(傳)해들은
한문제(漢文帝)는 즉시 수레를 몰고 직접(直接) 찾아갔다

上不起帝曰普天之
상불기제왈보천지

그러나 태상노군(太上老君)은 자리에서 일어나지도 않았다
이에 한문제(漢文帝)는 말하였다

하늘이 덮는 하늘 아래 땅이 모두 임금의 땅이 아닌 곳이 없고

下率土莫非王土子雖有
하솔토막비왕토자수유

하늘이 덮는 땅 위의
모든 백성(百姓)들이 모두 임금의 백성(百姓)이 아닌 자(者)가 없다

道朕民也太上拊掌躍
도짐민야태상부장약

그대에게
비록 도(道)가 있다고 해도
그래도 짐의 백성(百姓)이 아닌가?

이 말을 들은

태상노군(太上老君)은 손뼉을 치더니

신승실답왈여상
身昇室荅曰余上
앉아있던 좌실(坐室)과 함께 허공(虛空)으로 높이 솟아올라
그곳에서
태상노군(太上老君)이 한문제(漢文帝)에게 말하였다

불재천중불루
不在天中不累
나를 보라!
나는 지금 하늘 끝에 가 있는 것도 아니고
중간(中間)에 사람과 얽혀 사람들과 섞여 있는 것도 아니고

인하불거지하씨
人下不居地何氏
아래로 땅에 발을 딛고 땅 위에 붙어 서 있는 것도 아니요
그런데
땅 위에 있는 백성(百姓) 어느 누구와 비교해서

부귀(富貴)하게도 해 주고 빈천(貧賤)하게도 해 줄 수 있겠소?

之_지比_비帝_제乃_내

한문제(漢文帝)는 이에 크게 깨닫고

悟_오知_지是_시神_신人_인

비로소 그가 신인(神人)임을 알게 되었다

告_고而_이求_구敎_교

그리고는 정중하게 례(禮)를 갖추어
머리를 조아리며 가르침을 주십사고 간청(懇請)하였다

第五十五化 授道像

太上老君先於黃帝授以至命王母持天尊道君像又以漢武帝好道遣九天侍郎東方朔輔之太始元年秋承華殿見一青禽帝問朔答曰王母使者暮必降矣王母果至帝拜延坐請不死之藥曰未可令上元夫人賜帝白銀像五軀乃太上老君之像又出桃七枚母噉其二五賜其帝

第五十五化 授道像
제오십오화 수도상

도상(道像)을 내려 주다

太上老君
태상노군

태상노군(太上老君)이

先於黃
선어황

황제(黃帝)에게 먼저 도상(道像)을 내려 주었고

帝穆王命
제목왕명

목왕(穆王)에게는

王母持天
왕모지천

왕모(王母)에게 명(命)하여

尊道君像 존도군상

천존도군상(天尊道君像)을 내려 주라고 하였다

又以漢武帝 우이한무제

다시 또

한무제(漢武帝)가 도(道)를 숭상(崇尙)하는 것을 보자

好道遣九天侍朗 호도견구천시랑

구천시랑(九天侍朗)의 직위(職位)에 있던

東方朔輔之太始元 동방삭보지태시원

동방삭(東方朔)을 보내 보좌(輔佐)하게 했다

年秋承華殿見一靑禽

태시원년(太始元年) 가을 승화전(承華殿)에 청색(靑色)의 새 한 마리가 나타나자

帝問朔荅曰王母使者

한무제(漢武帝)가 동방삭(東方朔)에게 물으니 동방삭(東方朔)이 대답(對答)했다 이는 왕모(王母)의 사자(使者)이니

暮必降矣王母果至帝

저녁 무렵에 틀림없이 강림(降臨)할 것입니다 과연 동방삭(東方朔)의 말대로 왕모(王母)가 이르자

拜延坐請不死之藥曰未

한무제(漢武帝)가 왕모(王母)에게 배례(拜禮)를 하고

자리에 앉으시게 하고는 불사약(不死藥)을 구(求)하자

왕모(王母)는 내가 가져오지 않았도다

可令上元夫人賜帝白銀像

상원부인(上元夫人)이 황제(皇帝)에게

백은(白銀)으로 만든 백은상(白銀像) 다섯 분을 전달(傳達)해 줄 것이라고 말하였다

五軀乃太上老君之像又

상원부인(上元夫人)이 모시고 온

그 상(像)은 바로 태상노군(太上老君)의 상(像)이였고

出桃七枚母噉其二五賜

상원부인(上元夫人)이 가지고 온

천도(天桃) 복숭아 일곱 개 가운데 두 개는 왕모(王母)가 드시고

其帝 {기제}

나머지 다섯 개는 한무제(漢武帝)에게 주었다

第五十六化 游瑯琊

漢成帝時太上老君下游瑯琊曲陽泉上授于吉太平經一百七十卷至後漢章帝時復降吉年一百八十歲受以戒律一百八十條

第五十六化 游瑯琊
제오십륙화 유랑야
랑야(瑯琊)를 주유(周游)하다

漢成帝時
한성제시
한(漢) 나라 성제(成帝) 때에

太上老君
태상노군
태상노군(太上老君)께서

下游瑯琊
하유랑야
주유(周游)하실 적에 랑야(瑯琊) 땅

曲陽泉上
곡양천상

곡양천(曲陽泉)에서

수　우　길　태
授于吉太

길도인(吉道人)에게

평　경　일　백
平經一百

태평청령서(太平靑領書)인 태평경(太平經)

칠　십　권　지
七十卷至

일백칠십권(一百七十卷)을 내려 주었다

후　한　장　제
後漢章帝

그 후(後)

한(漢)나라 장제(章帝) 때에

時復降吉
시부강길

태상노군(太上老君)께서
다시
길도인(吉道人)에게 강림(降臨)하셨는데

年一百八
년일백팔

일백팔십세(一百八十歲)의 나이로

十歲受以
십세수이

태상노군(太上老君)으로부터

戒律一百
계률일백

일백팔십조항(一百八十條項)의

八十條 (팔십조)
계률(戒律)을 받았다

第五十六章

Those who know do not speak;

those who speak do not know.

Dull your senses

and shut your door;

blunt the sharp

and solve the dispute;

soften the light

and mingle with dust

so as to be one with the mysterious law.

Therefore, none could be your friend

or your foe;

none could do you good

or harm;

none could honor you

or debase you.

So you are honored by the world.

第五十一化
校簿書

漢安帝
永初三
年乙酉
太上老
君降于泰山
召江夏吏劉圖校
定天下簿籍肉示
閻地獄天堂罪福報
應事令告示道俗授
圖除罪解過文

第五十七化 校薄書
제 오 십 칠 화　교 박 서

박서(薄書)를 최종(最終) 점검(點檢)을 해 주다

漢安帝
한안제
한(漢)나라 안제(安帝)

永初三
영초삼
영초삼년(永初三年)

年己酉
년기유
기유(己酉)의 해에

太上老
태상노

태상노군(太上老君)께서

君降于泰山
군 강 우 태 산

태산(泰山)에 강림(降臨)하셔서

召江夏吏劉圖校
소 강 하 리 류 도 교

강하(江夏)의 류(劉)라는 관리(官吏)를 불러

定天下薄籍因市
정 천 하 박 적 인 시

정본(定本)의 천하박적(天下薄籍)을 살펴 도표(圖表)를 점검(點檢)해서 교열(校閱)해 주고 말하기를

圖地獄天堂罪福報
도 지 옥 천 당 죄 복 보

그림을 그려 지옥(地獄)과 천당(天堂)과 죄(罪)와 복보(福報)에 관(關)한

應事令告示道俗授
응사령고시도속수

도속(道俗)을 가리지 말고 누구나

인과응보(因果應報)의 사적(事跡)의 일을 빠트리지 말고 일일이 고시(告示)하여

圖除罪解過文
도제죄해과문

도제죄해과문(圖除罪解過文)을 주어서 죄업(罪業)을 삭제(削除)하고 과오(過誤)를 풀어 없앨 수 있도록 하라고 일렀다

第五十八化 傳正一

張天師名道陵沛人也后蜀鶴鳴山至順帝漢安二年夏或有二使者降言太上老君至語道陵曰子宿應仙道六天魔鬼害人吾以斬邪神劍都功重戟正一明威之法授子為吾清蕩凶妖復立據化言詑太上還空而去

第五十八化 傳正一
_{제 오십팔 화 전 정일}

정일참사(正一斬邪)의 묘지(妙旨)를 전(傳)하다

張天師名
_{장천사명}

제일대(第一代) 장천사(張天師)는

道陵沛
_{도릉패}

이름이 도릉(道陵)이며

人也居
_{인야거}

동한패국풍읍(東漢沛國豊邑) 사람인데

蜀鶴鳴山
_{촉학명산}

至順帝漢安
지순제한안

촉(蜀) 땅의 학명산(鶴鳴山)에 거(居)하였다

二年夏或有
이년하혹유

순제(順帝) 한안이년(漢安二年) 여름에

二使者降言太
이사자강언태

두 명(名)의 사자(使者)가 내려와

上老君至語道陵
상노군지어도릉

태상노군(太上老君)께서

장도릉(張道陵)에게 주는 말을 전(傳)하였다

曰子宿應仙道
왈 자 숙 응 선 도
그대의 숙명(宿命)이 선도(仙道)에 닿았도다

六天魔鬼害人
륙 천 마 귀 해 인
지금
륙천마귀(六天魔鬼)들이 날뛰며 사람들을 해(害)하므로

吾以斬邪神劍
오 이 참 사 신 검
사악(邪惡)한 무리들의 목을 자르는 신검(神劍)을 내리고

都功重職正一明
도 공 중 직 정 일 명
그대에게
도공중직(都功重職)의 임무(任務)를 주고

威之法授子爲吾淸蕩凶
위 지 법 수 자 위 오 청 탕 흉

정일참사(正一斬邪)의 위맹(威猛)한 법(法)을 전수(傳授)하는도다

그대는

나를 대신(代身)해서

흉악(凶惡)한 요괴(妖怪)들을 모조리 쓸어 없애고

妖復立諸化言訖太上還
요 부 립 제 화 언 흘 태 상 환

다시금

많은 교화(敎化)의 전통(傳統)을 세워 주기를 바라는 바이다

태상노군(太上老君)께서 보낸

空而去
공 이 거

두 명(名)의 사자(使者)는 말을 마치자 공중(空中)으로 사라졌다

第五十八章

If the government is lenient,

the people will be simple.

If the government is severe,

the people will feel a lack of freedom.

Weal comes after wos;

woe lies under weal.

Who knows the line of demarcation?

There is no absolute norm.

The normal may turn into the abnormal;

the good may turn into evil.

The peolpe are perplexed

for a long, long time.

Therefore the sage is fair and square

without a cutting edge,

thrifty but not exacting,

straightforward but not haughty,

bright but not dazzling.

第五十九化 說斗經

漢桓帝永壽元年
正月七日太上老君
乘白鹿降於成都
太昊玉女修丹
之所地湧玉局
太上與天師說
北斗經十五日
復說南斗經

第五十九化 說斗經

연생정명(延生定命)과 소재삭죄(消災削罪)를 다스리는 두경(斗經)을 설파(說破)하다

漢桓帝永壽元年
한(漢)나라 환제(桓帝) 영수원년(永壽元年)

正月七日太上老君
정월칠일(正月七日) 태상노군(太上老君)께서

乘白鹿降於成都
흰 사슴인 백록(白鹿)을 타시고 성도(成都)에 있는

太昊玉女修丹
태호씨(太昊氏)와 옥녀(玉女)가 단약(丹藥)을 굽던 곳에 강림(降臨)하시자

之所地湧玉局
땅이 용솟음치면서 바둑판처럼 평퍼짐한 커다란 옥국(玉局)이 솟아올랐는데

太上與天師說
태상노군(太上老君)께서
그곳에서 장천사(張天師)에게

北斗經十五日
일체(一切) 액살(厄煞)을 담당(擔當)하는 북두경(北斗經)을 설(說)해 주었고

復說南斗經

십오일(十五日)에는
다시
본명액(本命厄)을 다스리는 남두경(南斗經)을 설(說)해 주었다

第六十化 教飛昇

李真多乃李八百
妹也於錦行山修
道感太上老君與玄
古三師降漢州萬
安山授真多飛
昇之道真多行之
先昇於李
八百矣

第六十化 敎飛昇
제륙십화 교비승

하늘에 오르는 비승도(飛昇道)를 가르치다

李眞多乃李八百
리진다내리팔백

리진다(李眞多)는

팔백세(八百歲)를 살았다고도 하고

팔백리(八百里)를 하룻길에 달렸다고도 하는 리팔백(李八百)의 누이인데

妹也於錦行山修
매야어금행산수

금행산(錦行山)에서 도(道)를 닦는

道感太上老君與玄
도감태상노군여현

리진다(李眞多)의 지성(至誠)에 감동(感動)을 하신

태상노군(太上老君)께서

古三師降漢州萬
고삼사강한주만

현고삼사(玄古三師)와 함께
한주(漢州) 만안산(萬安山)에 강림(降臨)하셔서

安山授眞多飛
안산수진다비

리팔백(李八百)의 누이인 리진다(李眞多)에게

昇之道眞多行之
승지도진다행지

하늘에 오르는 비승도(飛昇道)를 전수(傳授)하였다

先昇於李
선승어리

리진다(李眞多)는 비승도(飛昇道)를 수행(修行)하다가

팔백의 八百矣

리팔백(李八百) 보다 먼저 하늘에 올라가는 이적(異蹟)을 행(行)했다

第六十一化

授三洞

漢靈帝光和二年
正月七日太上老君
與太極真人降天
臺山授葛玄靈
寶等經太洞
經及上清
齋法

第六十一化 授三洞
제륙십일화 수삼동

삼동(三洞)의 삼부경(三部經)을 전수(傳授)하다

漢靈帝光和二年
한령제광화이년

한(漢)나라 령제(靈帝) 광화이년(光和二年)

正月七日太上老君
정월칠일태상노군

정월칠일(正月七日)날 태상노군(太上老君)께서는

與太極眞人降天
여태극진인강천

태극진인(太極眞人)과 함께

臺山授葛玄靈
대산수갈현령

천대산(天臺山)에 강림(降臨)하셔서

寶經大洞
보경대동

갈현(葛玄)에게 령보경(靈寶經)과

經及上淸
경급상청

상청대동진경(上淸大洞眞經)과

齋法
재법

상청재법(上淸齋法)을 전수(傳授)하였다

第六十一章

A large state lies downstream in a low

position,

where run all the steams.

In the intercourse of the world,

the female and win the male

by lying still in a lower position.

So if a large state takes a lower position,

it may win over a small state.

If a small atate takes a lower position,

it may win a large state.

So a lower position may win

or win over another state.

A large state will only rule and peotect,

and a small state will be ruled and

protected.

Both states may attain their end,

so a large state had better take a lower

position.

第六十二化 極民災

道士王纂居馬跡山值
晉亂遂飛章告天
後感太上老君自西
北來降語纂
曰子憫生民
刑子章纂令
以神化神
咒二經授
子可極於
民災耳

第六十二化 極民災
제륙십이화 극민재

극도(極度)에 달한 재난(災難) 속에서 백성(百姓)들을 구(求)하다

道士王纂居馬迹山置
도사왕찬거마적산치

도사(道士) 왕찬(王纂)이 마적산(馬迹山)에 살고 있을 때

晉亂遂飛章告天
진란수비장고천

때마침 일어난 진(晉)이 일으킨 전쟁(戰爭)의 참상(慘狀)을 보고 표문(表文)을 작성(作成)하여 상소(上訴)를 올렸다

後感太上老君自西
후감태상노군자서

왕찬(王纂)의 장주문(章奏文)을 살피고 감동(感動)한 태상노군(太上老君)이

三四七

북래강어찬
北來降語纂
서북(西北)에서 강림(降臨)하여 왕찬(王纂)에게 말하였다

왈자민생민
曰子憫生民
그대가 백성(百姓)들이 겪는 고통(苦痛)을 차마 보지 못하고 불쌍히 여겨

형자장주금
刑子章奏今
장주문(章奏文)을 작성(作成)하여 하늘에 상소(上訴)를 올렸으므로

이신화신
以神化神
이제 그대에게 신통변화(神通變化)의 권능(權能)을 행사(行事)할 수 있는

주이경수
咒二經授

신주경(神咒經) 두 편(篇)을 그대에게 내려주나니

자가극어
子可極於
그대는
견디지 못할 도탄(塗炭)에 빠진

민재이
民災耳
백성(百姓)들을 재난(災難)에서 구(救)할지어다

第六十三化 授神丹

神仙王若沖瑯瑘人也居竹山化常以濟物為意一旦有異人來其家言曰子早樂仙道陰功及物已著仙籍太上命我授子神丹若沖服之後忽見雲鶴滿空來迎卻登雲昇天而去

三五〇

第六十三化 授神丹
제륙십삼화 수신단

신단(神丹)을 내려주다

神仙王若冲瑯
신선왕약충랑

신선(神仙) 왕약충(王若冲)은 랑야(琅琊) 사람으로

琊人也居竹山
야인야거죽산

죽산(竹山)에 거주(居住)하며

化常以濟物爲
화상이제물위

늘상 생명(生命) 있는 것을 구제(救濟)하는 것을 자기의 의지(意志)로 삼고 살았다

意一旦有異人
의일단유이인

하루는
어느 날 아침에 한 이인(異人)이

來其家言曰子
래기가언왈자
집에 찾아와 왕약충(王若冲)에게 말하기를

早樂仙道陰功
조락선도음공
그대가 일찍이 부터 선도(仙道)를 즐겨 닦았고 음공(陰功)을 쌓으며

及物已著仙籍
급물이저선적
생명(生命) 있는 것들을 구제(救濟)하였으므로 이미 선보(仙譜)의 호적(戶籍)에 오르게 되었다

太上命我授子
태상명아수자
이제

태상노군(太上老君)께옵서 나를 보내 그대에게

神丹若充服之 신단약충복지

신단(神丹)을 하사(下賜)하시고 갖다 주라고 하셨으니 그대는 받으라

後忽見雲鶴滿 후홀견운학만

이에 왕약충(王若冲)이 신단(神丹)을 받아 복용(服用)하니 별안간 구름과 학(鶴)이

空來迎却 공래영각

하늘을 가득 채우며 날아와 영접(迎接)하므로

登雲昇天 등운승천

왕약충(王若冲)은 구름을 타고

而去 이거
하늘로 올라갔다

第六十三章

Do nothing wrong!

do a deed as if it were not a deed;

take the tasteful as if it were tasteless.

Big or small, more or less,

any difficulty has an easy part,

any great deed has a small detail.

There is nothing difficult

but consists of easy parts;

there is no great deed

but consists of small details.

Therefore the sage

never tries to be great,

but at last he becomes great.

A rash promise will soon be broken;

much underestimation will entail much difficulty.

Therefore the sage antecipates all difficulties,

so there is nothing difficult in the end.

第六十四化 封寇謙

寇謙之居嵩山後魏時神瑞二年乙卯四月一日有二神人乘龍告曰太上老君至授謙之新科經戒符籙仙晃天衣天果太武聞之迎至開問道後改年號太平真君元年帝授符籙

第六十四化 封寇謙
구겸지(寇謙之)를 천사(天師)로 책봉(册封)하다

寇謙之居
구겸지(寇謙之)는 북위도사(北魏道士)로

嵩山後魏
숭산(嵩山)에 들어가 살았는데 후위(後魏) 때가 되어

時神瑞二年乙卯四月
신서이년(神瑞二年) 을묘사월(乙卯四月) 어느 날

一日有二神人乘龍

하루는

두 신인(神人)이 룡(龍)을 타고 와서 이르기를

고왈태상노군지수겸
告曰太上老君至授謙

태상노군(太上老君)께옵서

지신과경계부록선면
之新科經戒符籙仙冕

구겸지(寇謙之)에게 전수(傳授)하라 하시므로

신과경(新科經)과 계장(戒章)과 부록(符籙)과

머리에 쓰는 선면(仙冕)과

천의천과태무문지
天衣天果太武聞之

선관(仙官)이 입는 천의(天衣)와

천인(天人)이 먹는 천과(天果)를 내려

천사(天師)에 책봉(册封)하는 도다 하였다

태무(太武) 황제(皇帝)가 그 소식(消息)을 듣자

迎至開間道後改年
영지개문도후개년

구겸지(寇謙之)를 맞아들여 도(道)에 관(關)하여 묻고 정성(精誠)을 다 해 들은 후(後)에

號太平眞君元年帝
호태평진군원년제

년호(年號)를 태평진군원년(太平眞君元年)으로 바꾸고

授符籙
수부록

구겸지(寇謙之)는 황제(皇帝)에게 부록(符籙)을 전수(傳授) 받았다

第六十五化

建安化

唐武德二年太上
老君降晉州浮
山縣羊角山語吉
善行曰言與唐
天子汝今得聖理
社稷延長宜
於長安東
置安化宮
言訖騰空
而去

第六十五化 建安化
안화궁(安化宮)을 세우라 명(命)하다

唐武德二年太上
당(唐)나라 무덕왕이년(武德王二年)에

老君降晉州浮
태상노군(太上老君)께서 진주(晉州) 부산현(晉州浮山縣)

山縣羊角山語吉
양각산(羊角山)에 강림(降臨)하셔서

善行曰言與唐
선행왈언여당
길선행(吉善行)에게 이르기를

당(唐)나라 천자(天子)에게 이 말을 전(傳)하라 하였다

天子汝今得聖理
천자여금득성리
천자(天子)인 그대가 성리(聖理)를 오래 간직해야

社稷延長宜
사직연장의
사직(社稷)이 연장(延長)되어 오래 이어나갈 수 있으므로

於長安東
어장안동
장안(長安)의 성(城) 동쪽에

置安化宮 안화궁(安化宮)을 세우라고 일러라

言訖騰空 말을 마치자 태상노군(太上老君)은

而去 하늘로 올라 사라져 갔다

第六十六化 毘摩銘

于闐國毗摩城伽藍乃太上老君化胡成佛之所中有石幢是羅漢盧旜所造銘曰東方聖人時號老君來化我國咸作佛國其銘尚在

第六十六化　毘摩銘
비마성(毗摩城)에 명문(銘文)을 새기다

于闐國毗摩城
우전국(于闐國) 비마성(毗摩城)의

伽藍乃太上老君
가람(伽藍)은 태상노군(太上老君)께서

化胡成佛之所
오랑캐 무리를 도화(度化)하고 성불(成佛)시키신 장소(場所)로서

中有石幢是羅

이 돌기둥은 가람(伽藍)의 한 가운데 돌기둥이 하나 있는데

漢盧旃所造銘
한로전소조명

라한(羅漢) 로전(盧旃)이 세운 것으로

日東方聖人是
일동방성인시

비(碑)의 명문(銘文)에는 이렇게 새겨져 있다
태양(太陽)과 같으신 분
동방(東方)의 성인(聖人)
이분의 호(號)는

號老君來化我
호로군래화아

바로

로군(老君) 이시네

오셔서
우리를 깨우쳐 주시고

國咸作佛國其
국 함 작 불 국 기

나라를
부처님 나라로 만들어 주셨다네

銘尙在
명 상 재

그 비(碑)의 명문(銘文)은 아직도 있다

第六十七化 光雕壇

高宗龍朔二年春令道士郭行真等於邙觀設醮有白光遍殿照壇太上老君現於光中又於儀鳳四年遣道士鄭玄隱等再醮太上重現於壇上

第六十七化　光醮壇
제륙십칠화　광초단

제단(祭壇)에 광채(光彩)가 쏟아지다

高宗龍朔二
고종룡삭이

고종룡삭이년(高宗龍朔二年)

年春令道
년춘령도

봄날에 황제(皇帝)가 초사(醮事)를 베풀기 위하여

士郭行眞等
사곽행진등

도사(道士) 곽행진(郭行眞) 등(等)에게 명령(命令)을 내려

北邙觀設醮
북망관설초

북망산(北邙山)을 향(向)하여 제단(祭壇)을 설치(設置)하도록 했는데

유백광편전
有白光遍殿
대전(大殿) 안을 흰 광채(光彩)가 가득 채우며

조단태상노
照壇太上老
제단(祭壇)을 비추는데

군현어광
君現於光
그 찬란(燦爛)한 빛 속에

중우어의
中又於儀
태상노군(太上老君)께서 나타나셨다

鳳四年 봉사년
또 의봉사년(儀鳳四年) 어느 날엔가

遣道士 견도사
초사(醮事)를 베풀려고 제단(祭壇)을 설치(設置)할 때

鄭玄隱 정현은
도사(道士) 정현은(鄭玄隱) 등을 파견(派遣)하여

等再 등재
다시

醮太 초태
초사(醮事)를 하는 가운데

태상노군(太上老君)께서

上上 상중
거듭 연(連)이어

現於 현어
초사(醮事)를 베푸는

壇上 단상
제단(祭壇) 위에 현신(現身)하셨다

그 날이 되니

과연

태상노군(太上老君)께서 현신(現身)하셔서

도사(道士) 황천원(黃天原)에게 밀지(密旨)를 전(傳)하며 말하였다

曰吾是汝帝之祖國祚
왈오시여제지조국조

나는

너희 임금의 조상(祖上)이니라

延長言畢昇天
연장언필승천

국운(國運)이 창대(昌大)하고 오래도록 융성(隆盛)해야 할 것이다

태상(太上)은

말을 끝내자 곧 하늘로 올라갔다

第六九化 新興寺

唐開元十七年四月十五日太上先於蜀州新津縣新興尼寺佛殿柱上自然隱起木紋為一太上老君聖像頂上華蓋有雲葉天花十三處奉詔迎柱入內於大同殿供養

三七八

第六十九化　新興寺

이적(異蹟)이 일어난 신흥사(新興寺)

唐開元十七年四月十五

당(唐)나라 개원(開元) 십칠년사월십오일(十七年四月十五日)

日太上先於蜀州新津

태상노군(太上老君)이
먼저 번에
촉주(蜀州) 신진현(新津縣)에 있는

縣新興尼寺佛殿柱

비구니 절인 신흥니사(新興尼寺) 불전(佛殿) 나무 기둥 하나에

上自然隱起木紋爲一太
상 자연 은 기 목 문 위 일 태

자연적(自然的) 현상(現狀)으로
은근(慇懃)하게
태상노군(太上老君) 모습을 한 문양(紋樣)이 나타난 일이 있었다

上老君聖像頂
상 노 군 성 상 정

그런데
나무무늬가 태상노군(太上老君)으로 변(變)하였던
그 나무 기둥의
태상노군(太上老君) 성상(聖像) 정수리 쪽의 화개(華蓋)가

上華盖有雲葉
상 화 개 유 운 엽

나무 잎과 같은 구름무늬의

天花十三處奉詔
천 화 십 삼 처 봉 조

아름다운 천화(天花)로 변(變)하면서 열세군 데가 너 생긴 것이다

迎柱入內於
영주입내어

이러한 신비(神秘)스러운 일이 일어나자 비구니 절인 신흥니사(新興尼寺)에서는 황제(皇帝)의 조칙(詔勅)을 받들어서 태상노군(太上老君)이 새겨진 불전(佛殿) 기둥을

大同殿
대동전

대동전(大同殿)으로 옮겨 모셔놓고

供養
공양

공양(供養)을 하였다

第七十化 彰靈寶

唐開元二十九年
參軍田同秀
於丹鳳門而北
見太上老君坐
白馬二童子語
曰西與丹喜
入流沙日藏一
金匱在函關
故墟求之穿
獲石函上有
千載天寶靈
符六字內有
金匱靈符

第七十化 彰靈寶

령보(靈寶)가 드디어 모습을 드러내다

唐開元二十九年
당개원이십구년
당(唐)나라 개원(開元) 이십구년(二十九年)

叅軍日同秀
참군일동수
참군(叅軍)인 일동수(日同秀)가

於丹鳳門西北
어단봉문서북
단봉문(丹鳳門) 밖 서북(西北) 쪽에서

見太上老君坐
견태상노군좌

태상노군(太上老君)께서

白馬二童子語
백마이동자어

두 명(名)의 동자(童子)가 끌고 있는 백마(白馬)를 타고 오시는 것을 보았는데

曰西與尹喜
왈서여윤희

어느 사이

일동수(日同秀)에게 다가와 말하는 것이었다

그 전(前)에 서역(西域) 류사(流沙) 땅으로 들어갈 때

入流沙日藏一
입류사일장일

어느 날 윤희(尹喜)를 시켜

金櫃在函關
금궤재함관

금궤(金櫃) 하나를
함곡관(函谷關) 오래 된 터에 숨겨 놓은 일이 있도다

故_고墟_허求_구之_지穿_천

그대가 가서 찾아보라

일동수(日同秀)가

즉시

함곡관(函谷關)으로 달려가

옛터를 허물고 석함(石函)을 찾아내

獲_획石_석函_함上_상有_유

석함(石函)을 살펴보니 석함(石函)에

千_천載_재天_천寶_보靈_령

천년천보령부(千載天寶靈符)라는

符六字內有
부륙자내유

여섯 글자가 새겨져 있었다

金櫃靈符
금궤령부

그 석함(石函)을 열어보니
그 속에는
금궤령부(金櫃靈符)가 들어있었다

第七十章

It is very easy to understand what I say

and put it into practice.

But it is not understood

and not put into practice in the world.

My words show what I worship;

my deeds show whom I serve.

People do not know my words,

so they do not understand me,

Few people understand me,

so I am sll the more valuable.

That is why the sage wears plain clothes,

but his heart is pure as jade.

第七十一

帝夢

唐天寶元年
夢太上老君說曰
吾在城西南久矣
當與汝興慶相見
帝差道士蕭元裕與內使
尋至樓觀山谷間白光下得玉
像老君高三尺以進其日上在
興慶宮躬自迎謁果符興慶
之言

第七十一化 帝夢

황제(皇帝)의 꿈

唐天寶元年
당(唐)나라 천보원년(天寶元年)

夢太上老君說曰
황제(皇帝)의 꿈속에서
태상노군(太上老君)이 나타나 말하였다

吾在城西南久矣
내가 성(城) 서남(西南) 쪽에 머문지 오래 되었는데

當與汝興慶相見
당 여 여 흥 경 상 견
이제 그대와 흥경(興慶)에서 만나기를 원하네

帝差道士蕭元裕與內使
제 차 도 사 소 원 유 여 내 사
황제(皇帝)가 꿈에서 깨어나자
즉시
도사(道士) 소원유(蕭元裕)와 내사(內使)를 보내 찾도록 했다

尋至樓觀山谷間白光下得玉
심 지 루 관 산 곡 간 백 광 하 득 옥
그들이
루관산(樓觀山) 골짜기까지 찾아갔을 때
흰 빛줄기가 감도는 곳에서 옥상(玉像)을 찾았다

像老君高三尺以進其日上在
상 로 군 고 삼 척 이 진 기 일 상 재
옥(玉)으로 조각(彫刻)된

三九〇

노군상(老君像)은 높이가 삼척(三尺)이나 되었다

그날로 곧바로

興慶宮躬自迎謁果符興慶
흥경궁궁자영알과부흥경

노군상(老君像)은

황제(皇帝)가 직접 영접(迎接)하고 흥경궁(興慶宮)에 모셔놓고 알현했는데

之言
지언

이는 과연(果然) 꿈대로 된 것이다

第七十二化 傳丹訣

唐明王妹好道天寶中勅公主
投龍於中條山雷公洞
井固此居山感天書
掛樹甘露盈庭
忽夜有青衣
語曰太上老君
降授公主
鍊丹訣

第七十二化 傳丹訣
제칠십이화 전단결

공주(公主)가 단결(丹訣)을 전수(傳授)받다

唐明王妹好道天寶中勅公主
당명왕매호도천보중칙공주

당(唐)나라 명왕(明王)의 누이가 도(道)를 좋아했는데

천보년(天寶年) 어느 날

도(道)를 좋아하는 누이가 못마땅하여

명왕(明王)은 칙령(勅令)을 내려

投龍於中條山雷公洞
투룡어중조산뢰공동

누이동생에게

룡(龍)을

중조산(中條山) 뢰공동(雷公洞)에 있는 우물 속에 집어넣게 했다

井因此居山感天書
정인차거산감천서

공주(公主)가 서슴치 않고 이 일을 시행(施行)하자
감동(感動)을 먹은 명왕(明王)은
누이동생인 공주(公主)를 이 산(山)에 살게 했는데

掛樹甘露盈庭
괘수감로영정

공주(公主)가 이 산(山)에 머물면서
천서(天書)를 써서 나무에 걸어놓자 감로(甘露)가 온 정원(庭園)에 가득 찾다

忽夜有靑衣
홀야유청의

그 날 밤 홀연(忽然)히
청의(靑衣)를 입은 신인(神人)이 나타나서 다음과 같이 말하였다

語曰太上老君
어왈태상노군

태상노군(太上老君)님께서

降授公主 강수공주

공주(公主)에게 단(丹)을 수련(修鍊)하는

鍊丹訣 련단결

단결(丹訣)을 내려 주셨도다

第七十三化

現朝元

唐天寶五年冬，帝幸華清宮，見驪山上祥雲擁太上老君於朝元閣上，帝與內人瞻謁良久，乃隱詔朝元閣為降聖閣。

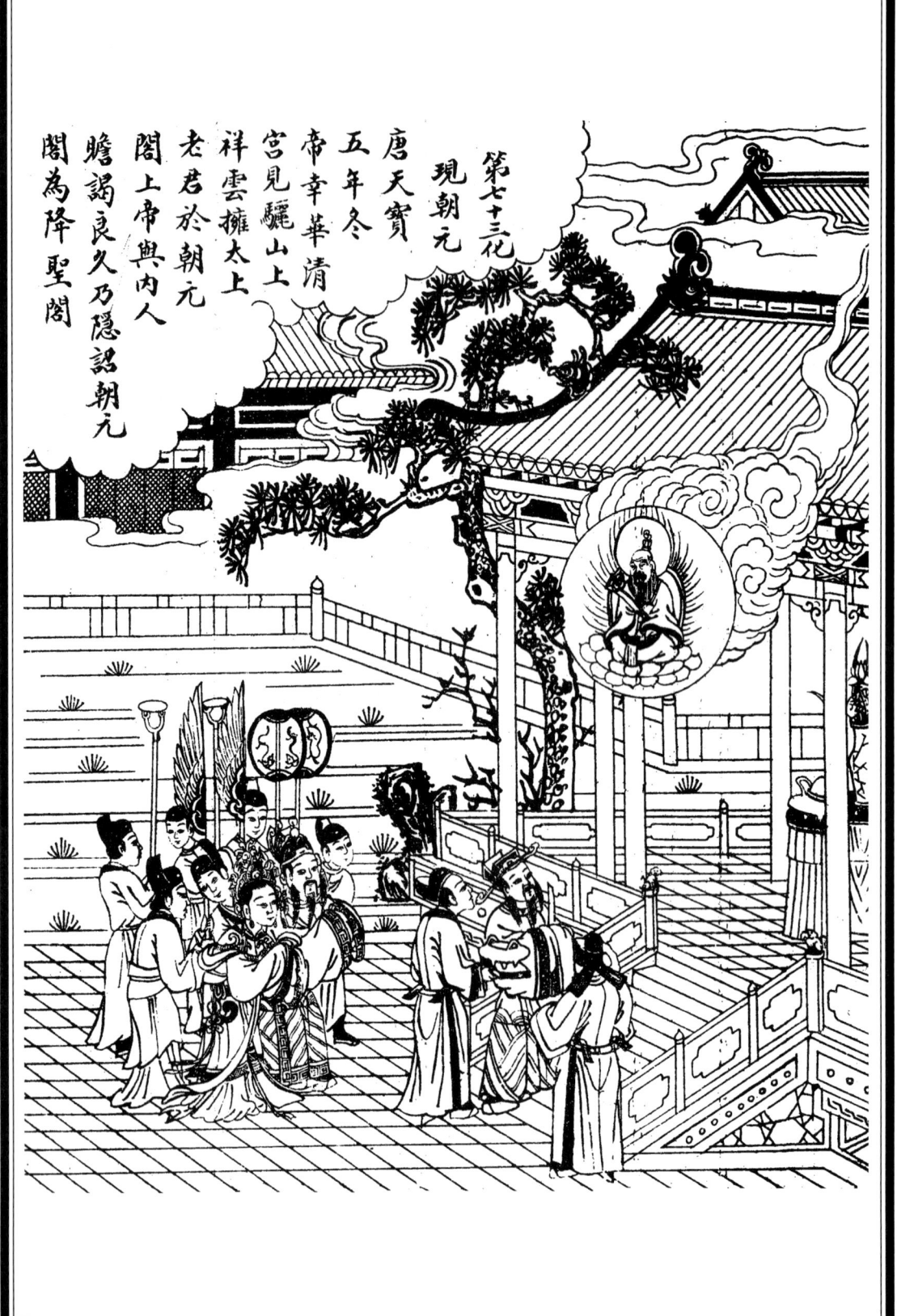

第七十三化 現朝元
제 칠 십 삼 화　현 조 원

태상노군(太上老君)이 조원각(朝元閣)에 현신(現身)하시다

唐天寶
당 천보

당(唐)나라 천보(天寶)

五年冬
오년 동

오년(五年)이 되는 겨울

帝幸華淸
제 행 화 청

황제(皇帝)가 화청궁(華淸宮)에 순행(巡幸)하고 있을 때

宮見驪山上
궁 견 려 산 상

려산(驪山)을 바라보니

祥雲擁太上
상운옹태상

려산(驪山) 위에 상서(祥瑞)로운 구름들이

老君於朝元
노군어조원

태상노군(太上老君)을 에워싼 채 조원각(朝元閣)에 림(臨)하는 것을 보았다

閣上帝與內人
각상제여내인

황제(皇帝)와 내관(內官)들이

瞻謁良久乃隱詔朝元
첨알량구내은조조원

오랜 동안을 우러러보고 있노라니 태상노군(太上老君)께서 은은(隱隱)히 사라졌다

閣爲降聖閣
각위강성각

이에 황제(皇帝)는 조칙(詔勅)을 내려 조원각(朝元閣)을 강성각(降聖閣)으로 바꾸라 어명(御命)을 내렸다

第七十四化 頌流霞

女冠王法進劍州臨津縣人也
幼好道有女冠過其家父
母以法進好道託女冠保
護之授與正一延生籙
遂名法進一日有青
衣降曰太上老君
為汝宿稟仙骨
令召上朝玉京
隨青童昇太上
賜以玉杯霞漿
俟於天寶
壬辰雲鶴
迎之昇天

第七十四化 頒流霞
제칠십사화 반류하

옥(玉)으로 빚은 류하장즙(流霞漿汁)을 나누어 주다

女冠王法進劍州臨津縣人也
녀관왕법진검주림진현인야

너도사(女道士) 왕법진(王法進)은 검주(劍州) 림진현(臨津縣) 사람이다

幼好道有女冠過其家父
유호도유녀관과기가부

어려서부터 도(道)를 좋아하였는데
어느 날
한 녀도사(女道士)가 그 집 앞을 지나 갈 때

母以法進好道託女冠保
모이법진호도탁녀관보

부모(父母)가 녀도사(女道士)에게 말하기를
딸이 도(道)를 좋아하므로 녀관(女冠)에 맡길 터이니

보호(保護)해 달라고 간청(懇請)하였다

護之授與正一延生錄
호 지 수 여 정 일 연 생 록

그 집의 딸을 데리고 돌아 온
녀도사(女道士)는 정일연생록(正一延生錄)을 수여(授與)하면서

遂名法進一日有青
수 명 법 진 일 일 유 청

그 집 딸의 이름을 법진(法進)이라고 지어 주었다

衣降曰太上老君
의 강 왈 태 상 노 군

어느 날 하루는
청의동자(青衣童子)가 강림(降臨)하여
법진(法進)에게 전(傳)하였다

태상노군(太上老君)께서

爲汝宿稟仙骨
위 여 숙 품 선 골

그대에게 숙세(宿世)의 깊은 인연(因緣)도 있고

빼어난 선골(仙骨)도 타고 났다 하시며

令召上朝玉京
령 소 상 조 옥 경

조회(朝會)에 들라 옥경(玉京)에서 부르는 것입니다

隨青童昇太上
수 청 동 승 태 상

법진(法進)이 청의동자(青衣童子)를 따라 하늘에 오르자

賜以玉杯霞漿
사 이 옥 배 하 장

태상노군(太上老君)께서

옥(玉)으로 만든 옥배(玉杯) 잔에 담은

옥(玉)으로 빚은 무지개 빛을 발하는 류하장즙(流霞漿汁)을

飮之使歸
음지사귀
마시게 하고는 돌아가게 했다

後於天寶
후어천보
후(後)에 어느 날 천보(天寶)

壬辰雲鶴
임진운학
임진년(壬辰年)의 해에 운학(雲鶴)이 내려와

迎之昇天
영지승천
법진(法進)을 태우고 영접(迎接)해서 하늘로 올라갔다

第七十四章

The people do not fear death.

Why threaten them with it?

If they ever fear it,

those who do evil

shall be caught and killed.

Who then would do evil again?

It is the executioner's duty to kill.

If you replace him,

it is like cutting wood in a carpenter's

place.

How can you not wound your hand?

第七十五化 刻三泉

唐天寶十五年帝
幸蜀太上老君
現於漢中君三泉
黑水之側帝禮
謁遂命刻
石於所現
之處

第七十五化 刻三泉
제칠십오화 각삼천
삼천(三泉)에 돌을 조각(彫刻)하여 세우다

唐天寶十五年帝
당천보십오년제
당(唐)나라 천보(天寶) 십오년(十五年)에

幸蜀太上老君
행촉태상노군
황제(皇帝)가 촉(蜀)에 순행(巡幸)할 때

現於漢中郡三泉
현어한중군삼천
한중군(漢中郡) 삼천흑수(三泉黑水) 가에
태상노군(太上老君)께서 현신(現身)하시므로

黑水之側帝禮
흑 수 지 측 제 례
황제(皇帝)가 례(禮)를 갖추어 배알(拜謁)한 뒤

謁遂命刻
알 수 명 각
곧 바로 어명(御命)을 내려

石於所現
석 어 소 현
조금 전(前)의
태상노군(太上老君) 모습을 그대로 돌에 조각(彫刻)하여

之處
지 처
태상노군(太上老君)께서
현신(現身)하셨던 바로 그 자리에 세우라고 하였다

第七十五章

The people's starvation

results form the ruler' overtaxation,

so the people starve.

The people are difficult to rule,

for the ruler give exacting orders,

so the people are hard to rule.

The people make light of their death,

for the rulers overvalue their own life,

so the people undervalue their death.

Those who have no use for life

are better than those who value their life.

第七十六化

雲龍岩

肅宗至德二年三月太上老君現於通化群雲龍岩見混元真像立於山前自地接天通身白衣左手垂右手執玉明扇儀相炳然泉盡瞻禮其山雖高亦不及肘良久乃隱

第七十六化 雲龍嵒

태상노군(太上老君)께서 운룡암(雲龍嵒)에 나타내신 이적(異蹟)

肅宗至德二年三

숙종(肅宗) 지덕이년삼월(至德二年三月)

月太上老君現於通

태상노군(太上老君)께서

化郡雲龍岩見混元

통화군(通化郡) 운룡암(雲龍嵒)에

혼원진상(混元眞像)으로 현신(現身)하셨는데

眞像立於山前自
진상립어산전자

산(山) 앞에 서 계신 혼원진상(混元眞像)의 모습이

地接天通身白衣
지접천통신백의

땅을 디디고 서 계시는 키가 하늘을 뚫고 올라간 듯 듯하고
전신(全身)은 백의(白衣)를 입고 계셨고

左手垂右手執五
좌수수우수집오

왼 손은 내리셨고
오른 손에는 오명선(五明扇)을 쥐고 계셨다

明扇儀相炳然
명선의상병연

위의(威儀)를 갖추고 서 계신
혼원진상(混元眞像)의 장엄(莊嚴)한 모습이 찬란(燦爛)하기 까지 하여

衆盡瞻禮其山
중진첨례기산

황제(皇帝)를 비롯하여 모든 무리들이 모두 우러러 보니

雖高亦不及肘良
수고역불급주량

그 산(山)이 비록 높기는 하였으되
혼원진상(混元眞像)의 팔꿈치에도 미치지 못하였다

久乃隱
구내은

한참을 오래오래 그러다가 차츰차츰 은은(隱隱)히 사라졌다

第七十七化 居玉堂

謝自然華陽女官也好道居果州金泉山感太上老君潛使金母授法籙錄氣之術功成以貞元十四年昇天後三月乃歸語刺史李堅曰天上有玉堂太上所居壁間題仙名下注云在人間或為帝王或為宰輔者神仙朝拜老君皆四拜焉言訖却昇天

第七十七化 居玉堂
제 칠 십 칠 화 　 거 옥 당

옥당(玉堂)에 머물다 돌아오다

謝自然華陽女官
사 자 연 화 양 녀 관

사자연(謝自然)은
화양(華陽)의 녀관(女官)으로 도(道)에 심취(心醉)하고 있었다

好道居果州金泉
호 도 거 과 주 금 천

그 녀(女)는
과주(果州)의 금천산(金泉山)에 살고 있었는데

山感太上老君潛使
산 감 태 상 노 군 잠 사

태상노군(太上老君)은
그녀(女)가 도(道)를 좋아하는데 감동(感動)하여

金母授法籙鍊
금모수법록련

금모(金母)를 사자(使者)로 보내어
법록(法籙)을 전수(傳授)해 주고 수련(修鍊)하여

氣之術功成以貞元
기지술공성이정원

기공술(氣功術)의 정화(精華)인
전도대공(顚倒大功)을 속(速)히 성취(成就)할 것을 독려(督勵)하였다

十四年昇天後三月
십사년승천후삼월

기공(氣功)이 이루어진
정원십사년(貞元十四年) 어느 날 하늘로 올라가더니

乃歸語刺史李堅
내귀어자사리견

석달 후(後)에 돌아와서는
자사(刺史)인 리견(李堅)에게 말하였다

曰天上有玉堂太上所
왈 천상 유 옥당 태상 소

천상(天上)에 가 보니 옥당(玉堂)이 있었습니다

태상노군(太上老君)께서 계시는 방(房)안 벽(壁)에는

居壁間題仙名下注
거 벽간 제 선명 하 주

세상(世上)에 내려온 선관(仙官)들의 이름이 적혀 있었는데

云在人間或爲帝王
운 재 인간 혹 위 제왕

그 선인(仙人)들이 인간세상(人間世上)에 있거나

혹(或)은 제왕(帝王)으로 있거나

或爲宰輔者
혹 위 재보 자

혹(或)은 재상(宰相)으로 왕(王)을 보필(輔弼)하고 있는데

神仙朝拜老
신선조배노
모든 신선(神仙)들은 모두

君皆四拜焉
군개사배언
노군(老君)께 네 번의 큰 절을 올려야만 합니다

言訖却昇天
언흘각승천
사자연(謝自然)은 말을 끝내더니 그대로 승천(昇天)하였다

第七十七章

Is not the way of heaven's divine law

like the bending of a bow?

The high string shall be bent

and the bow shall be lifted.

We take from those who have enough and

to spare,

and give to those who have not enough.

In accordance with the divine law,

excess shall be reduced to supplement the

insufficient.

The human law is otherwise:

man takes from the poor to give to the

rich.

Who could give to the world more than

enough?

Only the follower of the divine law.

So the sage gives without being the giver,

and succeeds without being the successful,

for he will not be better than others.

第七十八化 明崖壁

唐文宗開成二年間
州刺史高元裕於州北
嘉陵江上山之前見崖
壁間光起視之石上
有自然紋成太上
老君像無不周
備傍有一人捧燈
萬香俊一童子皆
非人力圖繪
鐫刻所及
每祈禱
卻紫雲
上浮

第七十八化　明崖壁
제칠십팔화　명애벽

깎아지른 절벽(絶壁)에 광명(光明)이 일다

唐文宗開成二年間
당문종개성이년랑
당(唐)나라 문종(文宗) 개성이년(開成二年)

州刺史高元裕於州北
주자사고원유어주북
랑주자사(閬州刺史) 고원유(高元裕)가

嘉陵江上山之前見崖
가릉강상산지전견애
주(州) 북(北)쪽에 있는 가릉강(嘉陵江) 위쪽 깎아지른 절벽(絶壁)에서

壁間光起視之石上
벽간광기시지석상

有自然紋成太上
유자연문성태상
마애절벽(磨崖絶壁)에 자연적(自然的)으로 무늬가 나타나서

老君像無不周
노군상무불주
태상노군상(太上老君像)이 되었는데
실(實)로 태상노군(太上老君) 참 모습과 조금도 다르지 않았다

備傍有一人捧爐
비방유일인봉로
노군상(老君像) 곁에는
한 사람이 향(香)불을 피운 향로(香爐)를 받쳐 들고 있었고

薦香後一童子皆
천향후일동자개
뒤쪽에도 한 동자(童子)가 있었는데

광채(光彩)가 일어나는 것을 살펴보았는데

非人力圖繪
비인력도회
이것은 사람의 힘으로는 도저히

鐫刻所及
전각소급
어떻게 그려내거나 조각할 수도 일이었다

每祈禱
매기도
그 쪽을 향(向)해서 기도(祈禱)를 하면

卽紫雲
즉자운
곧 바로 자주색 구름이

上浮
상부
아름답게 피어올랐다

第七十九化 殄龐勛

唐懿宗咸通中
徐州龐勛為寇欲
焚亳州太清宮
百姓見太上老君
自宮出而南
須臾黑霧
遍野群
寇迷路自
相殺
戮勛
溺水
而死

第七十九化 殄龐勛
제칠십구화 진방훈

방훈(龐勛)을 진멸(殄滅)하다

唐懿宗咸通中
당의종함통중

당(唐)나라 의종(懿宗) 함통년간(咸通年間)

徐州龐勛爲寇欲
서주방훈위구욕

서주(徐州)에서 방훈(龐勛)이 난(亂)을 일으켰는데

焚亳州太淸宮
분박주태청궁

박주(亳州)에 있는 태청궁(太淸宮)에 불지르려고 했을 때

百姓見太上老君
백성견태상노군

백성(百姓)들은 태상노군(太上老君)이 태청궁(太淸宮) 안에서 밖으로 나와

자궁출이남
自宮出而南
남(南) 쪽으로 가시는 것을 보았다

수유흑무
須臾黑霧
잠시(暫時) 후(後)에 검은 안개가

편야군
遍野群
온 들판을 뒤덮어버리자

구미로자
寇迷路自
도적떼들은 길을 잃어버리고

相殺^{상살} 흑무(黑霧)에 눈앞이 가려 누가 누군지도 모르고 서로가 뒤엉켜 자기들끼리 살육(殺戮)을 벌여 모두 죽어갔고

截勳^{절훈} 방훈(龐勳)은

溺水^{익수} 강(江)물에 빠져

而死^{이사} 죽고 말았다

第八十化 傳古塼

唐傳宗中和二年宗室李特立興道士李無為於成都青羊肆玄中觀設醮見紅光遂穿地得寶塼上有古篆六字云太上平中和笶其字方二寸

第八十化 傳古塼
옛 벽돌인 고전(古塼)을 전(傳)하다

唐僖宗中和二年宗室李特立與
당(唐)나라
희종중화이년(僖宗中和二年)
황제(皇帝)의 종친(宗親) 리특립(李特立)과

道士李無爲於成都靑羊肆玄
도사(道士) 리무위(李無爲)가
성도(成都)의 청양(靑羊) 저자거리에 있는

中觀設醮見紅光遂穿地
현중관(玄中觀)에서 초사(醮事)의 제(祭)를 올릴 때

땅에서 붉은 빛이 나오는 것을 보고는 즉시 땅을 파고 들어가

得寶塼上有古
득보전상유고

귀중(貴重)한 옛 벽돌인 보전(寶塼) 한 개를 얻었다

篆六字云太上
전륙자운태상

그 벽돌에는 고전체(古篆體)로

平中和災其字
평중화재기자

태상평중화재(太上平中和災)라고 여섯 글자가 새겨져 있었는데

方二寸
방이촌

글자의 크기가 사방(四方)으로 두 치(二寸) 가량 되었다

第八十章

A small state with few people

may have hundreds of tools

but will not use them.

Its people value their life and death

and will not remove far away.

They may have boats and cars,

but they have no need to ride.

They may have armors and weapons,

but they have no need to use them.

They may return to the age of recording by

tying knots.

In an ideal state

people will find their food delicious,

their clothes beautiful,

their houses comfortable,

and their life delightful.

A neighboring state may be within sight,

with cocks' crow and dogs' bark within

hearing,

but people will not visit each other

till they die of old age.

第八十一化

起祥光

紹聖五年正月十八日亳州太清宮道士張景元等夜朝禮共見太上老君眉間起紅光上連霄漢自南至北入洞霄宮先天聖母殿左右爛若紅霞中一道如練旦若虹橋二更後收西北

第八十一化 起祥光

상서(祥瑞)로운 빛이 뿜어 나오다

紹聖五年正月十
소성왕오년(紹聖王五年) 정월십팔일(正月十八日)

八日亳州太淸宮
박주(亳州)에 있는 태청궁(太淸宮)에서

道士張景元等夜
도사(道士) 장경원(張景元) 등(等)이 밤에 태상노군(太上老君)께 참배(參拜)를 올리고 있는데

朝禮共見太上老君
조례공견태상노군
태상노군(太上老君) 성상(聖像) 미간(眉間)에서

眉間起紅光上連
미간기홍광상련
붉은 빛 홍광(紅光)이 쏟아지듯 일어나

霄漢自南至北入
소한자남지북입
하늘로 솟아오르는가 싶더니 남쪽에서 북쪽으로 나가면서

洞霄宮先天聖
동소궁선천성
동소궁(洞霄宮) 선천성모전(先天聖母殿)을

母殿左右爛若
모전좌우란약

좌우(左右)로 휘감으며 뻗쳐나갔는데 그 찬란(燦爛)함은 마치

紅霞中一道知
홍하중일도지

붉은 노을인 홍하(紅霞) 한 줄기가

練旦若虹橋二
련단약홍교이

흰 명주 필이 아름답게 펼쳐진 무지개다리와 같았다

更後收西北
경후수서북

이경(二更)이 지나자
비로소 서북(西北) 쪽으로 서서히 거두며 사라졌다

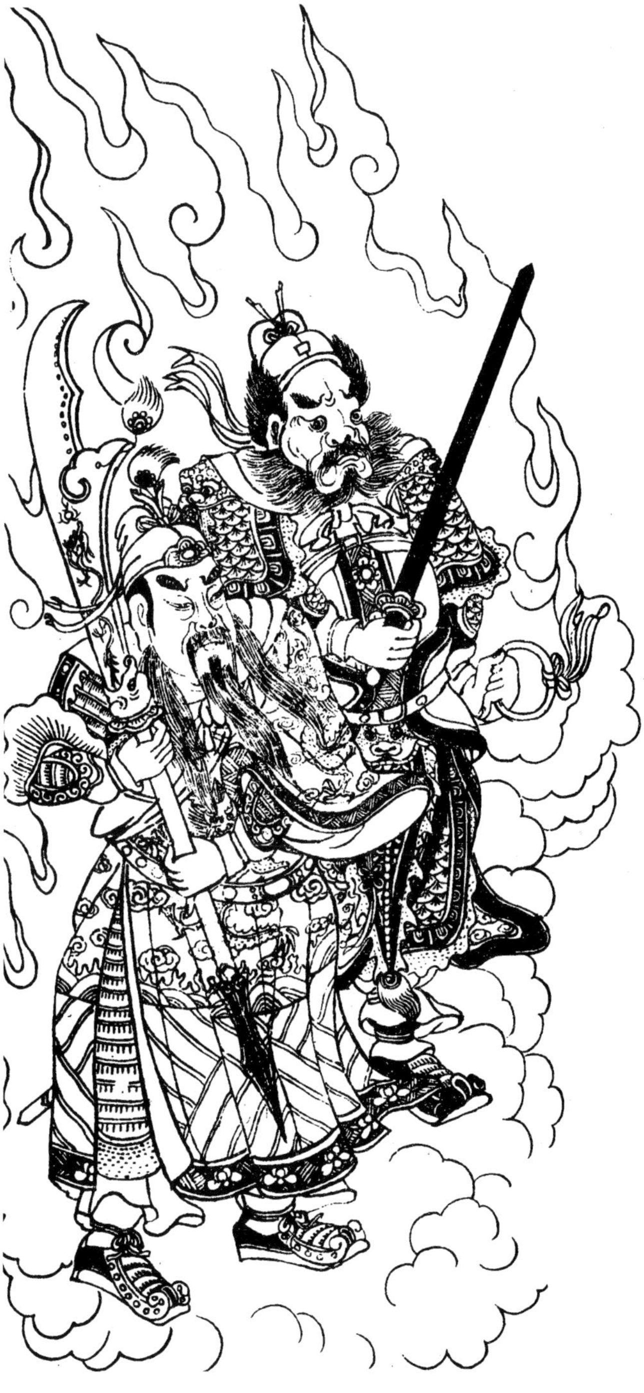

芳名録

☐ 군자란(君子蘭) 김범석(金範錫)
- 1977. 6. 25. 경남 마산 출생
- 대구 카톨릭대학교에서 복지를 전공했다.
- 육도만행(六度萬行)과 복지(福祉)와 대동세계(大同世界)의 연관성(連關性)에 심취(心醉)하였고 만교총화(萬敎總和)와 만인질소(萬人質素)를 규찰(糾察)하며 음양(陰陽)의 천변만화(千變萬化)가 질서정연(秩序整然)하여 정궤(正軌)를 이탈(離脫)함이 없으나 그 또한 덧없음을 깨닫고 지금은 그저 만물(萬物)의 자성(自性)을 보는 일에만 몰두(沒頭)하고 있다.
- 2017년 (음) 3월 초3일 천률진경(天律眞經) 번역출판(공역)

☐ 금오당(金烏堂) 정일화(鄭日華)
- 1982. 1. 30. 경북 경산 출생
- 어린이집 교사로 있으며
  두 남자와
  두 여자와 살고 있는 행복한 여자.
- 2017년 (음) 3월 초3일 천률진경(天律眞經) 번역출판(공역)

노자이야기

도상(圖像) 도덕경(道德經)

– 注老子道德經 河上公章句 –

韓國版 初版 : 2017年 丁酉(陰) 10月 初1日	
편수(編修) : 대명태조(大明太祖)	
도설(圖說) : 청안거사(淸安居士)	
인해(引解) : 통미도인(通微道人)	
翻譯 : 군자란(君子蘭) 김범석(金範錫)	공역(共譯)
금오당(金烏堂) 정일화(鄭日華)	
發行人 : 김재호(金在昊)	
發行處 : 圖書出版 Baikaltai House	
㊤ 07272	
서울 영등포구 선유로 107(양평동 1가)	
電話 : (02)2671-2306, (02)2635-2880	
Fax : (02)2635-2889	
登錄番號 : 166-96-00448	
登 錄 日 : 2017.3.13	
定 價 : 45,000원	

ISBN 979-11-88423-03-3